JN354185

고려계림
마농환상곡

오늘같이 힘든 날 건네는

따뜻한 위로
뜨겁게 위로

1판 1쇄 발행 2021년 10월 25일
1판 3쇄 발행 2022년 5월 19일

지은이 방중하
기획 트윙클컴퍼니
펴낸이 김명선
펴낸곳 도서출판 나라

등록번호 제 11-227호
주소 경기도 성남시 분당구 탄천상로 151번길 20
대표전화 02-415-3121
팩스 02-415-0096
이메일 narabooks@hanmail.net

ⓒ 방중하, 2021
ISBN 979-11-87367-08-6

이 책의 저작권은 도서출판 나라에 있습니다.
저작권법에 의해 보호를 받는 저작물이므로 본사의 허락없이
무단 전재, 복제, 전자출판 등을 금합니다.

* 책값은 뒤표지에 있습니다.
* 좋은 독자가 좋은 책을 만듭니다.
* 나라출판사는 독자 여러분의 의견에 항상 귀 기울이고 있습니다.

오늘같이 힘든 날 건네는

따뜻한 뜨겁게 위로

방중하 지음 · 트윙클컴퍼니 기획

도서출판 나라

프롤로그

나누고 싶은 '긍정'의 영양분

네트워크 마케팅을 하시는 분은 누구나 그렇듯 저 역시 아침에 눈을 뜨면 함께하고 있는 많은 분들이 생각이 납니다.
'오늘도 삶을 바꿔보려고 두렵지만 용기를 내 집 밖으로 나가는 그들에게 어떻게 하면 용기를 줄 수 있을까?'
저는 진정 그들 옆에서 함께하며 용기를 주고 싶었습니다. 본인이 하고 있는 일이 제대로 되어가고 있음을 인지하도록 돕고 싶었습니다. 어느 순간 저는 그 마음을 담아 한 줄 한 줄 글을 쓰기 시작했습니다. 그리고 그것을 아침마다 함께하시는 사업가들에게 보냈지요.
신기하게도 그걸 받고 그들이 기뻐하며 힘을 내는 모습에 오히려 제가 더 행복했습니다. 이에 용기를 얻은 저는 주위의 더 많은 분들에게 글을 보내기 시작했습니다.

그것을 1년쯤 지속했을 때 몇 분이 글을 묶어 책을 내보는 게 어떻겠느냐는 제안을 했습니다. 처음에는 '내가 무슨 책을 내. 그런 건 특별한 사람이나 하는 거지'라고 생각했지만 그분들의 계속된 응원과 격려에 용기가 생겼습니다. 무엇보다 제게 멋진 대의명분을 심어주었습니다.

'내 생각을 책으로 엮고 그것을 읽은 누군가가 오늘을 이겨내는 힘을 얻는다면…'

소름이 돋을 정도로 행복한 상상이었습니다.

어쩌면 이 책은 요즘의 경향과 잘 맞지 않을지도 모릅니다. 요즘의 많은 책들이 우리의 마음을 알아주고 달래주는 것과 달리 이 책은 약간 딱딱한 편입니다. 하지만 이 책에 누구나 쉽게 따라 할 수 있는 기준이자 등대 같은 무언가를 넣고 싶었습니다.

무엇보다 저는 전통 성공 서적에서 얻은 지혜를 제 언어로 해석해 다시 옮기려 노력했습니다. 이 책은 저와 같은 일을 하면서 같은 생각으로 같은 고생을 하는 사람들에게 도움을 드리고 싶은 마음을 담아 쓰게 된 책입니다. 만약 저와 같은 일을 하고 계시지 않다면 이 책을 권하고 싶지 않습니다. 그런 분은 시간이 지난 뒤 이 일에 관심이 생겨서 열심히 해보고 싶을 때 이 책을 다시 만났으면 좋겠습니다.

여기에 있는 내용 중 순수하게 저로부터 비롯된 생각은 하나도 없다는 걸 고백합니다.

20대 초반부터 제 생각을 만들어 줬던 수많은 성공학 서적, 자기계발 서적, 그리고 매주 제게 깨달음과 용기를 준 업계 선배님들, 그리고 함께 인생을 나누던 동료들과의 진행과정 속에서, 그리고 때때로 서로 격려해 주던 멘토님들과 늘 저와 함께하는 이영은씨와의 생활 속에서, 그리고 멘토님들의 무한한 믿음과 긍정 속에서 매 순간 깨달음을 얻을 수 있는 환경이었음이 틀림없습니다.

제 삶에 그들이 없었다면 저 또한 없었을 겁니다. 지금의 제가 존재하게 해준 모든 주위 분들과 환경에 깊은 감사를 보냅니다.

이제 그들에게 받은 많은 '긍정'의 영양분을 덜어내 나눠도 되지 않을까 하는 마음으로 용기를 내봅니다. 누군가 한 분이라도 이책을 읽고 삶에 어떤 긍정적 영향을 받는다면 저는 뛸 듯이 기쁠것 같습니다. 그런 행복한 상상을 하면서 틈틈이 글을 다듬었고그 순간순간에도 긍정적 에너지를 많이 받았습니다.

이 책을 다 읽었을 때 여러분들의 마음속에 총천연색 꿈과 의지가 피어났으면 하는 바램입니다. 여러분들의 상상력이 제 책에 색을 입혀줄 거라 믿고 출간해 봅니다.

이 책을 읽다 보면 때론 마음을 아프게 하는 말도 접할 것입니다. 물론 저도 완벽한 사람은 아닙니다. 늘 제 말대로 살아오지는 못했지요.

그러나 이 책에 나오는 글과 말이 언제나 저를 일으켜 세워준 것은 사실입니다. 정말 커다란 도움을 받았지요. 이 사업을 시작하고 15년이 지난 지금, 다행히 저는 제가 이 사업을 시작하던 때보다 훨씬 더 이 책의 내용에 가까워지고 있음을 느낍니다.

함께 사업을 하고 계시는 사업 파트너분들을 위해 쓰기 시작한 메시지였던 만큼 내용이 비슷하거나 반복되는 느낌의 글도 있을 거라고 생각합니다. 부족하지만 적어도 제가 믿고 있고 또 믿고 싶은 성공 이미지를 담아보려 노력했습니다.

이 사업을 만들어준 창업자님들과 무사히 사업을 해나가도록 도와주시는 많은 임직원께도 무한한 감사를 보냅니다.

끝으로 저는 누군가에겐
남편이자,
아버지이고,
아들이며,
동료이자,
학생 혹은 선생이기도 합니다.

이런 제 역할은 모두 주위 분들 덕분에 만들어진 것입니다. 제게
이 모든 역할을 주신 제 주위 분들이 곧 제 세상입니다.
제 세상을 만들어준 모든 분에게 깊은 감사를 올립니다. 앞으로도
각각의 역할을 충실히 이행해 여러분 주위에 제가 없는 것보다 있
는 게 더 나은 사람이 되어보겠습니다.

차례

프롤로그 나누고 싶은 '긍정'의 영양분 · 4

1

따뜻한 위로

불안해하는 분들을 위한 위로 | 1장

1. 믿고 · 20

2. 못난 시작 · 23

3. 인내 안에 성공 있네 · 24

4. 자유기업가 정신 · 26

5. 선택받는가, 선택하는가 · 30

6. 친구 잃는다? 친구 일 는다! · 32

7. 안전한 불편 · 36

8. 즐긴다 vs. 만든다 · 38

9. 고민의 본질 · 40

10. 목욕탕 인생 · 42

2장 무얼 하고 있는지
헷갈리는 분들을 위한 위로

1. 온전히 내 것 · 48

2. 주사기를 꽂는 것만으로는 낫지 않는다 · 51

3. 만족의 현타 · 53

4. 우리는 해내는 중 · 56

5. 스트레스와 행복한 목표 · 60

6. 진짜 테크닉 · 63

7. 인생의 지름길과 시급 계산 · 66

8. 거짓말 같은 삶 · 70

9. 찢기 힘든 종이 · 72

10. 바쁨의 방향 · 73

11. 자세 중의 으뜸은 · 78

12. 목적과 시점 수정 · 83

13. 선택으로 짓는 삶 · 86

14. 어색한 제안 · 90

3장	뭣 때문에 이러고 있나 싶은	분들을 위한 위로	1. 인생의 반전 · 96
			2. 지금 뭐 하고 있어? · 98
			3. 진짜 부자 · 101
			4. 욕심과 목표의 관계 · 103
			5. 좋아질 일과 잘할 일만 남았다 · 106
			6. 가식 그리고 진심 · 108
			7. 바쁘다는 것과 알고 하는 것 · 111
			8. 참깨라면보단 함께라면! · 115
			9. 상상화에서 정물화로 · 117
			10. 우리는 어떻게 되어가는 중일까? · 120

4장	스스로가 못나 보이는	분들을 위한 위로	1. 후회를 최소화하는 방법 · 126
			2. 시선 돌리기 · 128
			3. 나를 믿는 방법 · 130
			4. 긍정 쪽 설득력 · 132
			5. 나를 '나'로 보는 용기 · 134

2
뜨겁게 위로

배워서 위로 | **1장**

1. 배우고 행하고 기다리고 · 140

2. 상담할 때 'yes'라고 하면 좋은 이유 · 143

3. 나와 만나기 · 146

4. 취미와 일 사이 · 147

5. 고치러 갑시다 · 149

6. 지속의 비결 · 150

7. 배우는 사람의 가능성 · 154

8. 책 읽어야지요 · 156

9. 해상도 올리기 · 158

적어서 위로 | **2장**

1. 감정 접고 손가락 펴고 · 162

2. 몇 년 차인지 계산하는 법 · 165

3. 기록하는 것과 투두 리스트 · 167

4. 써봅시다 · 169

5. 대단해지는 습관 · 171

6. 목표 자르기와 수치화 · 173

좋은 선택으로 위로 | 3장

1. 편리보다 유리 · 178

2. 도전 선택하기 · 180

3. 목적 전도 · 182

4. 말을 잘하는 법 · 185

5. 밀도와 집중의 비밀 · 189

6. 목적의식이 주는 선물 · 193

7. 시간이 흐를시간, 쓰일시간 · 195

8. 가까이서 보면 다 재밌고, 멀리서 보면 다 유치하다 · 199

9. 사업설명이라는 연극표 나눠주기 · 201

10. 인내와 스트레스의 긍정적인 면 · 203

11. 원하는 걸 얻는 법 · 206

바뀌서 위로 | 4장

1. '원래' 지우기 · 210

2. 감별사 · 213

3. 지금 바뀌어야 하는 이유 · 216

4. 주체적 사업 · 220

5. 인싸되기 · 223

6. 인생의 진도와 뉴 에어리어 · 226

7. 잘되는 사람들의 공통적인 이유 · 229

8. 스승의 자세로 배웁시다 · 232

9. 어렵다고요? · 234

5장 움직이며 위로

1. 그냥 해봅시다 · 240

2. 해보기 전엔 판단 금지! · 243

3. '지금' 합시다 · 245

4. 인생은 자판기 · 247

5. 'ed'보다 'ing' · 249

6. 나아가고 있다는 증거 · 251

7. 왜 지금의 상황에서 벗어나야 하는가 · 253

8. 믿는 사람들만 누리는 특권 · 255

에필로그 제가 전해드리고 싶은 것들 · 258

1

따뜻한 위로

1장

불안해하는 분들을 위한 위로

1장 불안해하는 분들을 위한 위로

1. 믿고

이 사업을 한다는 것에 얼마나 큰 가치가 있는지 우리는 평소에 잘 깨닫지 못합니다. 그러다가 사회에 어떤 위기나 문제가 닥치면 새삼 15년 전 이 사업을 준비하길 잘했다는 생각이 듭니다. 이런 때는 이 사업이 재평가되는 느낌입니다.

특히 이 어려운 시기에 자영업자들은 기존 손님의 '반의반의 반'도 오지 않는다며 울상입니다. 그렇다고 고정비가 덜 들어가는 것도 아닙니다. 그들 중에는 제가 전에 사업을 전달했지만 거절한 사람들도 있습니다.

저는 늘 결국 우리가 옳았다는 걸 보여주고 싶었습니다. 제가 예전에 사업을 전달했을 때 왜 이 사업을 하면 안 되는지, 왜 하지 않는 게 좋은지 힘주어 강조하던 그들은 꽤 많이 누그러진 느낌입니다.

이 사업은 오히려 매출이 올랐습니다. 요즘처럼 사람들이 질병으로 힘들어할 때면 면역 관련 매출이 치솟습니다. 우리 사업의 성장은 어떤 위기에도 연결점이 있습니다.

이 사업을 처음 시작할 때는 보통 자신이 이러한 준비가 된 곳에서 일하는지 잘 모릅니다. 그래서 언뜻 답이 나오지 않는 일을 열심히 하는 것처럼 보이지만, 보이지 않는 곳에서 만들어지는 네트워크는 생각보다 놀라운 효과를 냅니다. 특히 위기가 닥쳤을 때 그 네트워크는 빛을 발합니다.

여러분은 지금 꾸준히 하는 행동들
책을 읽고,
음원을 듣고,
미팅을 하고,
제품을 애용하고.
주문을 받고,
사업을 함께하길 권유하고,
그 결과를 멘토들과 자주 나누는 모든 행동들이,
얼마나 큰 결과를 내는지 지금은 알지 못합니다.
이미 성공한 분들은 저 단순한 반복이 본인의 성공을 만들어주었다고 확신합니다.
하지만 이제 이사업을 시작했거나, 진행 중이신 분들은 지금 하

1장 불안해하는 분들을 위한 위로

고 있는 저 행동들이 어떤 결과와 이어질지 잘 모를 수 있습니다.

현재의 시점에서, 지금의 노력이 어떻게 미래에 영향을 미칠지 아는 건 어렵지요.

하지만, 미래의 시점이 되면, 과거의 노력이 어떻게 현재의 결과에 영향을 미쳤는지 정리가 됩니다.

만약 오늘 여러분이 이 사업을 알려드린 그분이 훗날 큰 성공자가 되면, 오늘 그분에게 처음 알린 이날을 잊을 수 있을까요?

그럼 미래를 알 수 없는 현재의 시점에서 최고의 선택은 뭘까요?

믿어보는 거지요.

내가 하는 행동들이 어떤 형태로든 쌓인다는걸, 먼저 해내신분들을 통해 믿고 해보는 거지요.

믿어지는 걸 믿는 것보다, 믿어내야 하는 걸 지켜냈을 때 더 큰 보상이 주어집니다.

2. 못난 시작

잘 하려는 마음을 버리면 쉬운 시작이 가능합니다. 준비를 갖추지 못했다는, 혹은 나는 아직 준비되지 않았다는 생각은 우리가 첫걸음을 떼는 것조차 힘들게 합니다.

차라리 못난 시작을 결정해 보세요. 서툴러도 일단 첫걸음을 떼어야 합니다. 처음부터 성공적이어야 한다는 생각도 금물입니다. 유년기의 성공이 삶에 그다지 도움을 주지 않듯, 첫걸음의 성공은 이후 더 큰 부담감 때문에 오히려 다음 발을 떼기 어렵게 만듭니다.

잘 못하리라는 것을 알지만 일단 입을 떼어봅시다. 혹시 사업설명을 잘하는 사람의 사업설명 성공률과 시작한 지 얼마 안 된 사람의 사업설명 성공률이 비슷하다는 걸 알고 있나요?

우리는 '재능과 실력 차이'라는 별 상관도 없는 기준을 들이대며, 남을 지나치게 높이는 반면 자신은 지나치게 낮춥니다. 잘하는 사람과 잘 못하는 사람 간에는 별다른 차이가 없습니다. 단지 자주 하는 사람과 어쩌다 하는 사람이라는 차이만 있을 뿐입니다.

여러분의 못난 시작을 응원합니다.

3. 인내 안에 성공 있네

~~~~~~

본 만큼 꿈을 꾼다는 말이 있지요. 행동반경이 좁고 본 게 없어서 꿈이 작은 사람이 많던 예전과 달리 지금은 인스타그램 등 SNS 발달로 우리가 볼 수 있는 세상이 어마어마하게 넓어졌습니다. 이와 함께 우리의 꿈도 나날이 쑥쑥 성장하고 있습니다.

이처럼 세상은 점차 우리의 꿈을 비대하게 키워 놓았지만 그와 동시에 인내심을 지워버렸습니다. 남의 성취는 쉽고, 빠르게 된 것처럼 보입니다. 그래서 많은 분들이 한순간의 특별한 일로 큰 수입을 원하기 시작했습니다. 하지만 내가 직접 해보면 그리 쉽지도, 빠르지도 않지요.

그러고는 금방 포기하고 또 새로운 일을 찾기 시작합니다. 이런 이유로 꿈을 이룬 사람의 비율은 언제나 크게 달라지지 않습니다.

꿈을 키워야 할 때가 있었습니다. 하지만 지금은 인내를 키워야 할 때라는 생각이 자주 듭니다.

특별함에 속아 꾸준함을 잃지 않기를...

쉽게 잘 되는 일은 결국 가치가 떨어지고 맙니다. 다시 말해 돈이 안 됩니다. 우리 사업은 내 맘처럼 진행되지 않을 때도 스스로 마음을 다독여가며 해나가야 하는 일입니다. 책, 강의 등은 인내를 발휘해 꾸준히 해나가는 마인드를 위해 필요한 도구입니다.

그렇게 스스로를 성장시키며 해나가는 일이기에 결코 쉽지 않지만 다행히 쉽게 없어지지도 않습니다. 절대 아무나 해내는 일이 아닙니다. 어쩌면 여러분이라서 여기까지 온 것인지도 모릅니다.

우리 인생에는 때로 비가 옵니다. 우산은 비가 오기 전에 마련해야 더 저렴하고 더 좋은 것으로 살 수 있습니다. 명함이 있을 때 준비하라는 말도 같은 맥락이지요. 다만 지금의 내 명함을 결과로 보는가, 아니면 더 발전하기 위한 발판으로 보는가의 차이만 있을 뿐입니다.

어제 승리한 분들 축하합니다. 오늘도 스스로를 달래고 일으켜 세우는 사람은 남들이 우산을 사러 뛰어다닐 때 빙긋이 웃는 미래를 만들어갈 겁니다.

매일의 노력이 탑을 쌓아올립니다.

오늘도 함께합시다.

1장 불안해하는 분들을 위한 위로

4. 자유기업가 정신

저 같은 일반인이 할 수 있는 일은 크게 직장 생활과 자영업 두 가지로 나뉩니다.

이 사업을 선택한 초기, 저는 안정적인 직장에 들어가라는 말을 귀가 녹을 정도로 들었습니다. 다들 때가 되면 정해진 월급이 따박따박 나오는 직장에 들어가라고 조언했지요.

그런데 그 안정적인 월급은 어디서 나오는 걸까요? 공무원이 아니면 모든 직장인은 크고 작은 사업체에 소속되어 있습니다. 세상에 안정적인 사업체가 있던가요? 특히 요즘처럼 경제 위기가 심화한 상황에서는 그렇지 않다는 게 더욱 명확하지 않나요? 안정적인 사업체가 없다는 것은 곧 안정적인 직장도 없다는 의미가 아닐까요?

회사에서는 흔히 직원들에게 주인의식을 가지라는 말을 많이 합니다. 또 공공재를 내 것처럼 사용하자는 캠페인을 벌이기도 합니다. 주인이 아니라서 주인의식 이야기를 하는 것이고, 내 것이 아니니까 내 것처럼 사용하라고 말하는 겁니다. 주인에게 주인의식을 가지라고 말하지는 않습니다.

1부 따뜻한 위로

직장 일은 소수의 적극적인 사람을 제외하면 대체로 상명하달 방식으로 돌아갑니다. 즉, 직장인은 위에서 시킨 일을 처리하는 데 집중합니다. 그러다 보니 노력과 피해는 최소화하고 효율은 최대화하려는 경향이 있습니다. 사업가들은 다릅니다. 사업가의 목표는 보상과 효과 최대화입니다.

직장인은 일이 많고 바쁠수록 스트레스를 받습니다.
사업가는 일이 많고 바쁠수록 행복해합니다.
새벽에 일 때문에 직장인과 사업가를 불러내면
직장인은 불평하면서 마지못해 나올 것이고,
사업가는 설렘을 안고 기대하며 나옵니다.

바로 내 것이라서 그렇습니다. 내 사업이자 내 가족 사업이며 앞으로 내 가문 사업이 될 것임을 알기 때문입니다.

직장인은 취업부터 퇴직까지 내 라이프 사이클이 다른 사람의 프로그램 안에 놓여 있습니다. 반면 사업가의 사업은 어디서 시작할 것 인지부터 어디에서 마감할 것 인지까지 모든 것이 오롯이 내 손에 달려 있습니다. 아무도 내가 할 일을 정해주지 않습니다.
하지만 무엇이든 내 마음대로 해볼 수 있지요.

늘 갖고 있었지만 쓸 기회가 없었던 내 잠재력을 열어주는 열쇠
가 이 사업안에 있습니다. 온전히 내 것이라고 믿는 일 앞에서만
펼쳐지는 또 다른 내가 반드시 존재합니다. 이 사업은 언제 어디
서든 누구에게나 자유기업가가 될 기회를 제공합니다.

모든 회사의 최고의 제품은 신제품입니다!

50년 역사를 자랑하는 회사의 신제품은

그 회사의 50년간 쌓아온 기술을 바탕으로 만들어낸

가장 뛰어난 제품입니다.

우리도 마찬가지입니다.

예전에 좋았던 기억도 있었지만

우리를 성장시킨 쓰라린 교훈도 있을 것입니다.

그때보다 더 나을 수도, 덜 할 수도 있지만

오늘의 우리가 가장 신제품입니다.

살아온 날의 역사 위에 가장 뛰어난

우리가 오늘을 살아가는 겁니다.

오늘의 나만한 '나'는 없었습니다.

역사상 최고의 "나"들이시여,

오늘 그 자신감으로 멋지게 하루 만듭시다.

5. 선택받는가, 선택하는가

혹시 자영업자와 얘기를 나눠본 적 있나요? 그들은 스스로 찾아오는 손님들 덕분에 기쁠 때도 있지만 그 이면에는 속상한 일도 많다고 합니다.

매일 종교를 전파하러 방문하는 사람, 오토바이를 타고 다니며 화살을 쏘듯 기막히게 광고 명함을 떨구는 사람, 가게를 차리고 나니 찾아와서 도와달라고 하는 지인, 이상한 일로 시비를 거는 손님 그리고 그 내용을 동네 맘카페에 올려 매출에 타격을 주는 일 등 이런저런 일이 발생하기 때문이지요.

직장도 마찬가지입니다. 직장인은 매달 안정적인 월급을 받지만 취업부터 승진까지 늘 선택받는 입장입니다. 직장동료와 상사, 부하 등 직장인이 스스로 선택할 수 있는 건 별로 없습니다.

제가 하는 사업에서는 알아서 와주는 손님이 없습니다. 우리가 길을 가는데 누군가가 다가와 "생필품 취급하실 것 같은데 세제 하나만 주문할게요"라고 하지는 않지요.

그래서 우리가 먼저 만나러 나가고, 우리가 먼저 말을 꺼냅니다. 하지만 적어도 우리는 우리가 선택할 수 있습니다. 손님도 내가 고르고 함께할 동료도 내가 선택합니다. 그렇게 선택한 사람들이기에 멋진 분들이 참 많습니다. 이 사업을 하시는 분들의 사람 보는 안목에 늘 감탄합니다.

그 주체성 덕분에 우리는 이 일이 회장님의 사업이 아니라 온전한 내 사업이라고 이야기합니다.

어딜 그렇게 돌아다니느냐가 아니라,
내 맘에 드는 사람을 찾아다닙니다.

1장 불안해하는 분들을 위한 위로

6. 친구 잃는다? 친구 일 는다!

한번은 인간관계와 관련해 무척 공감이 가는 글을 읽었습니다. 그 내용을 요약하면 대충 이렇습니다.

"세상에 태어나면 우리는 어떻게든 집단에 소속된다. 그걸 버스에 비유하면 이미 타고 있는 사람, 동시에 탄 사람, 더 늦게 탄 사람으로 분류할 수 있다. 그렇게 일정 기간 같은 버스에 함께 타고 있으면 소속감이나 애정 혹은 적대감이 생긴다.

이 버스는 정류장마다 서기 때문에 누군가는 먼저 내리고 또 누군가는 나보다 늦게 내린다. 물론 나와 같이 내리는 사람도 있다. 나와 같이 내린 사람은 그 집단을 떠나도 나와 친구가 된다. 버스에 타고 있을 때를 함께 추억하며 가끔이라도 보는 관계 말이다.

어떤 버스에서는 혼자 내릴 수도 있고, 많은 사람과 함께 내릴 수도 있다. 혼자 내렸다고, 즉 친구가 없다고 자책할 필요는 없다. 이건 자연스러운 일이다. 어떤 버스도 모두를 끝까지 데려갈 수는 없다. 이 모든 것은 자연스럽게 일어나는 일이다."

많은 사람이 어떻게 하면 더 많은 분과 소통할지, 더 많이 알고 지낼 수 있을지 고민하며 스트레스를 받습니다.

32 ••••   1부 따뜻한 위로

우리가 누리는 시간과 공간은 한정되어 있습니다. 따라서 만나는 사람도 한정적일 수밖에 없는 것이 우리네 인생입니다. 하지만 기존에 알던 사람들과 멀어지는 것을 두려워하고 새로운 사람을 사귀는 일을 어색해합니다.

인간관계는 고정된 물체가 아니라 늘 세포처럼 새롭게 바뀌는 유기체입니다. 지금 우리 주위에 있는 사람들도 중요하고 앞으로 우리 삶을 어떤 사람들로 채워나갈지도 중요합니다.

원래 제 삶을 채우고 있던 사람들은 지역과 학연에 기반을 둔 '친구'입니다. 같은 지역과 집단에서 반복적으로 만나며 형성된 친분 관계지요. 그렇지만 지금은 SNS 활성화와 함께 친구라는 단어의 스펙트럼이 크게 넓어졌습니다. 나이, 지역을 떠나 SNS로 연결된 지인은 모두 친구처럼 지내지요.

여러분도 카톡 친구가 몇백 명 이상이지 않나요? 그런데 이처럼 관계의 범위가 넓어지면서 그 의미가 굉장히 엷어졌습니다. 기존 정의는 사라졌지만 새 정의는 나타나지 않은 상태라고나 할까요.

제 나름의 새로운 친구라는 단어를 형용해 보자면, 현재 제 삶을 채우고 있는 친구들은 생각과 방향에 기반을 둔 '친구'입니다 사는 지역이나 삶의 수준이 비슷해서 뭉친 일시적인 집단이 아니라 가고자 하는 목적지가 같은 평생의 동반자이지요.

다시 말해 'Where are you'가 아니라 'Where are you going'이 더 중요한 그런 친구들입니다. 이들은 목적지가 같기에 언제 만나도 나눌 이야기가 많습니다. 무엇보다 기쁜 것은 함께한 시간보다 앞으로 함께할 시간이 더 많다는 것입니다. 나아가 지내온 시간보다 더 멋진 미래를 만들어가기에 갈수록 행복해질 예정이라는 겁니다.

그런 사람들을 찾는 것이 제가 하는 일입니다. 저는 이 일을 "뜻과 방향이 맞는 사람, 즉 평생 친구를 찾는 일"이라고 정의합니다. 우리는 그 행동을 쇼 더 플랜(show the plan)이라고 하지요. 한마디로 이 사업은 우리의 플랜에 동의하고 함께 만들어갈 사람을 찾고 돕는 일입니다.

오늘도 이걸 열심히 합시다.

찬구 잃는다?

찬구하고 헤어지는 "찬구 잃는다."

... 35

7. 안전한 불편

길을 건너려고 할 때 신호등의 초록 불을 기다리는 것은 불편한 일입니다. 학교에 다닐 때 교칙을 따르는 것도 불편한 일이지요. 차를 탈 때마다 안전벨트를 매고 푸는 것도 참 불편합니다. 오토바이나 자전거를 탈 때 머리 망가지니 안전모를 쓰는 것도 불편하기는 마찬가지입니다.

세상 참 불편한 것이 많지요.

신호등은 왜 날 귀찮게 만들까요? 교칙은 왜 존재해서 나를 짜증나게 할까요? 안전벨트도, 안전모도 사용하려면 불편함을 감수해야 하지만 그래도 이런 것이 존재하는 데는 분명한 이유가 있습니다. 그런 것이 나를 지켜주니까요. 불편해도 존재할 만한 가치가 있기 때문이지요. 불편하게 하기 위해 만들어진 것이 아니라 지켜주기 위해 만들었는데 작은 불편함이 동반되는 겁니다.

오늘 뭔가가 불편하다면 그게 우리를 어떻게 지켜주고 있는지 생각해 보는 것이 어떨까요? 학교 교칙을 잘 지키면 교육플랜에 따라 제때 학교를 졸업할 수 있습니다. 교도소에서 규칙을 잘 지킨 모범 수감자는 형량을 낮춰줍니다.

내가 있는 곳의 불편한 것을 잘 지킬수록 자유에 가까워집니다. 괜히 학교 교칙을 어겨 제때에 졸업하지 못하거나 교도소 규칙을 무시했다가 형량이 늘어나면 너무 슬프잖아요.

8. 즐긴다 vs. 만든다

며칠 전 한 커피숍에서 미팅을 하다가 너무 추웠던 우리는 폴딩 도어를 닫기로 했습니다. 몇 명이 끙끙대며 잘 움직이지 않는 폴딩 도어에 애를 쏟아붓고 있자 저 멀리서 직원이 달려와 "제가 닫아 드리겠습니다"라며 쉽게 닫아주었습니다.

'아, 저렇게 쉽다니!'

도어를 닫으려고 함께 힘을 쏟은 우리는 한동안 멍한 느낌이었습니다. 그 순간 세상일이 이뤄지는 이치를 한눈에 깨달았거든요.

많은 사람이 일을 처음부터 끝까지 본인이 다 해야 한다고 생각합니다. 이 때문에 압박을 받다 보니 두려움에 시작조차 못 하는 경우도 많습니다.

그렇지만 세상일이 이뤄지는 원리는 이렇습니다. 내가 마음먹고 무엇을 하려는지 세상에 계속 온몸으로 외치면 뜻이 같은 조력자들이 나타나 함께 이뤄냅니다. 즉, 일단 시작하면 점차 힘이 보태지면서 이뤄낼 수 있습니다. 단지 내가 무얼 하려고 하는지 세상이 알 때까지 애쓰기만 하면 됩니다.

그 수고로움의 베이스에서 우리가 누리는 모든 즐거움이 생겨납니다. 우리가 즐겁게 마시는 술에는 누군가의 고생이 묻어 있고 우리가 즐기는 영상도 누군가의 고된 편집 활동으로 이뤄집니다.

지금 여러분은 즐길 때인가요, 아니면 만들 때인가요?

지금까지 누군가의 고생 위에서 편안함을 즐겨왔다면 이제는 우리가 누군가를 이롭게 하기 위해 애써볼 차례입니다. 어쩌면 우리의 노력을 모두 이해받지 못할지도 모릅니다.

그래도 해야 합니다.

안 알아준다고 안 한 게 아니고,

안 알아준다고 결과가 안 나는 게 아니기 때문입니다.

누군가는 언젠가 우리에게 감사할 것을 알고 하기 때문에

저는 결코 억울하지 않습니다.

9. 고민의 본질

〰〰〰〰〰〰〰〰〰〰〰〰〰〰〰〰〰〰〰〰〰〰〰〰〰

한 강의에서 이런 이야기를 들은 적이 있습니다.

"친구가 한밤중에 찾아와 급하게 10억만 빌려달라고 하면 고민이 됩니까, 안 됩니까?"

이건 고민할 필요조차 없습니다. 능력 밖의 일이니까요.

"하지만 친구가 급하게 찾아와 백만 원만 빌려달라고 하면 고민이 됩니까, 안 됩니까?"

당연히 고민이 됩니다.

이게 바로 고민의 본질입니다. 거절과 승낙이라는 양쪽의 선택이 모두 내 능력 안에 있을 때라야 비로소 고민의 영역 안으로 들어옵니다. 즉, 둘 다 가능하기에 우리가 고민하는 겁니다.

평범한 사람들은 스타벅스 매장을 할지 말지 고민하지 않습니다. 네트워크 사업은 고민이 되지요. 할지 안 할지가 내 "선택"에 달려있다는 걸 알기에 고민이 되는 거지요.

혹시 이번 달 여러분의 목표 때문에 고민하나요? 아마 고민할 겁니다. 둘 다 가능하기에 내 선택에 달려 있다는 거 이제 믿어지시나요?

어떤 이에게는 여러분의 고민도 부러움의 대상입니다.

차가 없는 사람에게는 소나타 기본형을 살지, 풀옵션을 살지 고민하는 사람이 부러움의 대상입니다. 갓 정치계에 입문한 사람에게는 이번에 입후보할지 말지 고민하는 누군가가 큰 부러움의 대상입니다.

어떤 일을 이제 갓 시작한 사람 입장에서는 누군가가 도전하면서 겪는 고난과 고민도 부러울 수 있습니다. 잊지 마세요. 오늘 나를 괴롭게 하는 고난과 고민도 누군가에겐 부러움의 대상입니다.

10. 목욕탕 인생

한 사람이 철물점을 엽니다. 첫날에는 손님이 없습니다. 철물점 간판과 앞에 늘어놓은 물건을 보고도 가게 안으로 들어오는 이는 하나도 없습니다. 또 어떤 이는 철물점이 생겼는지조차 모릅니다.

한 달이 흐른 뒤 어떤 사람이 우연히 길을 걷다가 그곳에 철물점이 새로 생겼다는 것을 인지합니다. 하지만 물건을 사러 가지는 않습니다. 철물점이 존재한다는 것과 철물점 제품을 필요로 하는 것은 다른 차원의 문제입니다.

어느 날 밤 10시쯤 그 사람은 길을 걷다가 아직도 철물점이 영업하는 것을 봅니다.

'늦게까지 영업을 하는구나.'

이렇게 생각하고 또 지나갑니다.

1년 뒤 그 집의 전구가 나갔습니다. 늦은 시간이라 전구를 파는 데가 있을까 싶어 고민하던 중 문득 밤 10시에도 문을 연 그 철물점을 떠올립니다. 그렇게 철물점과 그 사람의 첫 거래가 이뤄 집니다.

자영업자의 첫 거래는 그날 열심히 일해서가 아니라 그 이전부터의 기다림과 인내의 시간을 바탕으로 이뤄집니다. 그 사람은 철물점에 온 김에 고장 난 드라이버를 대체할 제품도 구입하고 예비 전구도 하나 더 삽니다. 그리고 생각했던 것보다 제품을 더 다양하게 구비한 것을 보고 다음에 그 물건들이 필요해지면 와야겠다고 생각하며 돌아갑니다.

그렇게 점차 쓰는 물건 수가 늘어나고 방문 빈도도 잦아집니다. 결국 한 가게가 자신의 운을 온전히 다 받아들이는 데는 10년이 걸리는 것 같습니다.

해야 할 것들을 잘하고 있는데 결과가 잘 나질 않나요? 지금은 거두는 시기가 아니라 심는 시기라서 그렇습니다. 나중에는 심는 중에도 거두고 더 나중에는 심지 않아도 거두는 때가 올 겁니다.

혹시 이런 생각을 하고 있나요?

'왜 저 사람들만 될까? 나는 언제 될까? 내게도 되는 때가 오긴 할까?'

분명히 기억해야 할 것은 모든 미팅에는 1%가 자랑하고 99%는 배우러 온다는 점입니다. 심지어 성취를 자랑하는 그 사람도 지난 달까지는 나와 같은 마음이었을 겁니다. 즉, 일반 강연처럼 강사는 평생 강사고 청중은 평생 청중이 아니라 무대와 좌석이 서로 연결되어 있습니다.

'목욕탕 인생'이라는 말을 들어봤나요? 여기에는 이런 의미가 담겨 있습니다.

"다 때가 있다."
성공자는 하늘에서 갑자기 떨어지지 않습니다.
모든 성공자는 청중으로부터 시작했다는 것.

이것만 알면 좀 더 행복한 사업이 가능합니다.

2장

무얼 하고 있는지 헷갈리는

분들을 위한 위로

2장 무얼 하고 있는지 헷갈리는 분들을 위한 위로

1. 온전히 내 것

여기저기 다니면서 사람들을 접하다 보면 우리를 일반 판매원과 비슷하게 여기는 사람도 만납니다. 물론 그 과정만 보면 틀린 말이 아닐 수도 있습니다. 뭐가 다른지 그 이해를 돕기 위해 좀 극단적인 사례를 상상해 봅시다.

예를 들어 자동차 세일즈맨 홍길동이 고객에게 아주 좋은 서비스를 제공해 고객을 많이 확보했다고 가정해 보겠습니다. 그런데 홍길동이 불의의 사고로 갑자기 사망하고 말았습니다. 어느 날 홍길동을 신뢰한 한 고객이 자동차 영업점에 전화를 걸어 이렇게 말합니다.

"저는 홍길동 씨를 신뢰하니 그분의 코드로 차를 구입하겠습니다. 영업이익금은 홍길동 씨 유가족에게 전달해 주세요."

이게 가능할까요?

다른 분야에서도 이런 요구를 하면 그걸 들어주는 곳이 있을까요? 아마 곧바로 다른 영업사원을 소개해 줄 겁니다. 그럼 홍길동은 살아생전 누구의 회원을 모은 건가요? 그저 회사의 회원을 모집하는 대리인 역할만 한 셈입니다.

48 •••   1부 따뜻한 위로

시작 시점에 이 사업에서는 그런 일보다 수입을 더 올리지 못할 수도 있습니다. 일반 영업에서는 큰 건 하나를 판매하면 건당 받는 수입이 매우 크기 때문입니다. 하지만 우리 사업은 우리가 사망해도 네트워크가 제대로 살아 있기만 하면 내 가족, 나아가 가문을 지킬 수 있습니다. 개인이 사망해도 회사가 수입을 가져가거나 다른 사람에게 위임하지 않습니다. 영원히 그 집안의 소속이 됩니다.

바로 이것이 우리가 이 사업을 두고 가문을 바꾸는 사업이라고 거창하게 말하는 이유입니다. 돈을 많이 벌어서 거창한 게 아니라 세대를 넘어 가문을 지켜주기 때문에 거창한 것입니다.

오늘도 우리 가문의 회원을 모집하러 갑시다. 그리고 그분도 자기 가문을 지키도록 도움을 줍시다. 오늘 여러분이 전달하는 제품은 여러분의 손자가 자유를 누리는 배경이 되어줄 겁니다.

누군가가 직장에 다니면 흔히 이렇게 말합니다.
"걔 요새 직장 다닌대."

2장 무얼 하고 있는지 헷갈리는 분들을 위한 위로

반면 누군가가 이 사업을 하면 이런 말이 들려옵니다.

"걔 요새 미쳐 있대."

왜 직장에는 '다니고' 이 사업에는 '미칠까요?' 아직 미칠 곳을 찾지 못한 사람들이 안타까운 밤입니다.

2. 주사기를 꽂는 것만으로는 낫지 않는다

'잘 살고 있다'와 '잘 산다', '잘 살아 있다'는 말은 모두 다른 뜻입니다. 잘 산다는 것은 결과적 의미일까요, 아니면 과정적 의미일까요? 만약 과정적 성향이라면 어떻게 살아가고 있을 때 잘 산다고 말할 수 있을까요?

가령 좋은 옷, 좋은 차, 좋은 여행, 좋은 집 그리고 그걸 즐기는 과정은 '잘 살고 있다'라고 말할 수 있겠지요. 그러나 좋은 책, 좋은 사람, 좋은 장소, 좋은 배움은 '더 잘 살려고 한다'라고 표현할 수 있습니다.

이미 잘 살고 있는 것도 좋은 일이지만 잘 살기 위해 노력하는 과정이 훨씬 더 가치 있어 보입니다.

하지만 더 잘 살기 위해서 노력하는 과정 속에 내 노력이 세상에 잘 적용되고 있을까라는 의심이 들 때가 있습니다. 저는 세상에 무의미한 것은 없다고 믿습니다. 이것은 노력도 마찬가지입니다.

만약 무의미해 보이는 것이 있다면 그건 의미를 부여받지 못했거나 아직 의미가 생길 만한 시간이 되지 않았을 뿐입니다. 우리가 기울이는 노력이 공(空)으로 돌아가는 일은 없습니다.

2장 무얼 하고 있는지 헷갈리는 분들을 위한 위로

만약 노력이 공으로 돌아가는 듯하다면 우리가 이해하지 못하는 방식으로 우리에게 도움을 주거나 효과가 생기는 데 좀 더 시간이 걸리는 것뿐입니다.

주사기와 주사약의 관계를 생각해 봅시다.

사람들은 보통 주사를 맞았느냐고 묻지만 실제로 중요한 것은 약물을 제대로 주입하는 일입니다. 주삿바늘만 찔러 놓고 낫길 바라는 마음이 생기기도 합니다. 하지만 링거액이 체내로 들어가는 데는 분명 일정 시간이 걸립니다. 체내에 들어간 링거액이 효과를 내는 데도 또 시간이 걸리지요.

오늘 노력한 결과를 오늘 묻지 않는 하루가 되었으면 좋겠습니다.

안 될 것 같은 느낌에 속지 마십시오. 아직 정해진 건 아무것도 없습니다. 가봐야 알고 열어봐야 벽인지 커튼인지 아는 법입니다.

52 •••   1부 따뜻한 위로

3. 만족의 현타

감사와 만족은 다릅니다. 만족과 체념도 다릅니다. 감사를 체념의 핑계로 쓰면 인생은 성장하지 않겠지요.

있는 것에 감사할 줄 아는 사람은 행복한 사람이라고 합니다. 그러나 우리는 있는 것에 만족하는 '척'하는 사람에게 가끔 찾아오는 현타를 잘 알고 있습니다. 원하는 것을 이루거나 이뤄가는 사람들을 볼 때 느껴지는 초조함도 있지요.

만족하지 않고 내가 원하는 목표를 솔직히 추구하는 사람들에겐 현타가 오지 않습니다. 그들의 절대 비교 대상은 남이 아니라 '어제의 나'이기 때문입니다. 그들의 머릿속에는 자신이 '한 일'과 '해야 할 일'밖에 없습니다.

그렇다고 감사하는 마음이 없는 게 아닙니다. 오히려 더 많은 감사가 흘러나옵니다. 앉아서 하는 감사가 나스스로 조금은 억지로 만들어내는 것이라면, 뛰면서 하는 감사는 저절로 생겨나는 것입니다.

자신을 남과 비교해서 좋을 게 있나요? 남보다 못하면 열등감이 생기고, 남보다 잘하면 교만해지기 십상입니다. 어제의 나보다 좀 더 나은 내가 되는 것을 목표로 합시다. 여러분의 목표는 무엇인가요?

비행기는 한 번도 항로대로 똑바로 날지 못한다고 합니다. 항로 주변을 맴돌면서 크게 벗어나지 않으며 가는 것이죠. 그래도 결국에는 목적지에 도착합니다.

마찬가지로 우리도 비록 내 생각처럼 되진 않지만 내가 생각한 곳까지는 가게 되어 있습니다. 세상에 어떤 인생도, 기업 매출도, 주식도 일직선으로 우상향하는 모습을 보이지는 않습니다. 모든 성장 그래프는 굴곡진 모습을 보입니다.

진짜 성공 재능은 한순간의 반짝임, 특별한 행동과 말, 좋은 조건이 아니라 굴곡을 타면서 내가 원하는 곳에 도착할 때까지 '계속하는 힘'입니다.

오늘도 계속하고 계시는 여러분께 박수를 보냅니다.

남들이 별것 아니라고 생각하는 것을 꾸준히 지속한 결과는 분

엄 명랑해 질겁니다.
오늘도 져 있고 싶은 중입니다.

2장 무얼 하고 있는지 헷갈리는 분들을 위한 위로

4. 우리는 해내는 중

새로운 한 달이 시작되면 저는 함께 이 사업을 하는 분들에게 이전 달에 정말 수고가 많았다고 말하고 싶지만 어쩐지 망설여집니다. 수고했다는 말은 노동과 임금 거래를 끝냈을 때나 어울릴 것 같은 느낌이 들기 때문입니다.

우리는 한 달 일하고 그 대가를 받고 계약이 끝나는 일을 하는 것이 아니라, 내가 원하는 삶을 만드는 일에 내가 정한 만큼 시간을 쓰는 일을 하는 사람들입니다. 그래서 수고하셨다는 말 대신 '잘 해내셨습니다'라는 말씀을 드리고 싶습니다.

적은 수입이든, 큰 수입이든 그 한 달에 다 이루어지는 것이 아닙니다. 그 이전의 노력이 계단처럼 쌓여 우리가 그 수준에 도달하게 해주는 것이지요. 그러니 성취한 그달만 성취가 아니라 그 이전의 한 달, 한 달 역시 성취가 아닐까요? 그런 의미에서 보이지 않는 지난달의 성취를 축하합니다.

이번 달에도 원하는 그림에 한층 더 가까워지는 여러분이 되도록 함께 애써봅시다. 우리가 하는 일은 정말 애착을 가질 만한 가치가 있는 일이니까요.

56 •••   1부 따뜻한 위로

우리의 모든 노력과 경험은 차곡차곡 쌓입니다. 다만 우리에게 그걸 인지할 만한 시야가 있어야 그걸 알아채겠지요. 헤드라이트가 비춰주는 가시거리는 고작 100~200미터지만 우리는 그 정도 가시거리로 400킬로미터도 갈 수 있습니다. 끝이 보여서가 아니라 200미터를 가면 그다음 200미터가 보이기 때문입니다.

그러니 처음부터 큰 수입을 벌긴 어려울 것 같다는 말은 하지 마세요. 일단 그 일에 대해 배울 수 있는 장소에 가보시길 바랍니다. 그곳에 참석하면 그다음 과정이 보입니다. 희한하게도 결코 보이지 않을 것 같던 가능성이 배워보면 보이기 시작합니다.

미래를 보는 시력의 라식수술시간은 바로 배움의 시간입니다.

우리가 해내는 방법은 간단합니다.

그저 '한 번 더' 하는 방식에 익숙해지면 됩니다.

경험이 쌓이고, 확률이 높아지고, 횟수가 늘어나면 자연스럽게 해낼 수 있습니다.

능력이 아니라

2장 무얼 하고 있는지 헷갈리는 분들을 위한 위로

환경이 아니라

상황이 아니라

하고 또 하는 과정에서 성장과 성공이 이뤄집니다.

해낼 만한 가치가 있다는 것은 다시 힘낼 만한 가치가 있다는 뜻이기도 합니다.

왜 원하는 무언가가 되고 싶은 건가요?

기다리는 부모님께 무엇을 보여드리고 싶나요?

아이에게 더 멋진 부모가 되고 싶나요?

여러분은 이미 멋진 사람입니다. 이 글을 읽으며 다시 해보려 하고 있기 때문입니다.

제가 좋아하는 사람은 책을 많이 읽은 사람이 아니라 오늘도 책을 읽는 사람입니다. 또 많이 해본 사람이 아니라 오늘도 하려고 하는 사람입니다.

인생의 가능성은 여러분 자신이 쥐고 있습니다. 내 주위 사람들

58 •••   1부 따뜻한 위로

은 모두 내 인생의 주주입니다. '나'라는 1인 기업을 어떤 가치로 보여주고 싶나요?

오늘도 함께 가치를 올려봅시다.

나를 끝까지 데려다주는 것은 끝까지 가보자는 마음이 아니라 오늘 내딛는 한 걸음입니다.

5. 스트레스와 행복한 목표

우리가 살아가면서 스트레스는 받느냐 받지 않느냐의 문제가
아닙니다. 어차피 인생은 출생과 동시에 늘 스트레스와 함께합니
다. 그렇지만 우리가 어느 방향으로 성장해 갈 것인가를 고려할
때, 어디에서 어떤 스트레스를 받느냐는 매우 중요한 문제입니다.

스트레스는 일종의 저항감입니다. 저항이 있다는 것은 방향성
이 있다는 증거입니다. 방향성이 없으면 저항도 없습니다. 방향성
과 목표가 없는 사람이 겪는 최고의 형벌은 평생 방향성과 목표가
있는 사람을 위해 살아간다는 것입니다.

내 의사와 상관없이 찾아오는 스트레스를 받지 말고 내가 원하
는 결과를 내는 곳에서 직접 스트레스를 선택하세요. 한 강의에서
들었던 말씀이 생각납니다.

"성장하는 곳에서 스트레스는 창조적 긴장감입니다."

스트레스를 스트레스로만 보지 말고 집중하고 열정을 낼 대상
이 있다는 증거로 생각합시다. 내 인생 전반에 걸쳐 이뤄내야 할
일이 있다는 것, 그건 행운 중의 행운입니다.

어젯밤 제 친구에게 전화가 왔는데 저녁 미팅을 마치고 귀가하

는 중이라고 하니 그 시간까지 누굴 만나느냐고, 힘들지 않느냐고 묻더군요.

세상에는 최 상위 목표를 위해 무언가를 하는 게 얼마나 행복한 일인지 잘 모르는 사람이 많습니다. 어쩌면 많은 사람이 일과 행복의 정의가 서로 반대편에 있다고 여기는지도 모릅니다. 그렇다면 일생의 절반을 일하느라 보내야 하는데 일하는 내내 얼마나 불행할까요.

문득 또 다른 강의에서 들었던 말이 떠오릅니다.

"저는 더 스트레스를 받기 위해 목표를 설정하는 게 아닙니다. 더 행복해지기 위해 목표를 설정합니다. 지금 수준이 "1"이신 분이 내년 3월에도 그대로 "1"이라면 과연 행복할까요? 지금 "1"이신 분이 내년 3월 "3 또는 5"가 되신다면 얼마나 행복할까요?"

목표의 본질은 더 큰 행복입니다. 우리는 더 행복하기 위해 목표를 설정합니다. 더 많은 사람들과 함께 자유를 누리는 삶은 생각만 해도 행복하지 않나요? 그래서 저는 쉴 수 없습니다. 그 행복점에 빨리 도달하고 싶어 가만히 있질 못하겠습니다.

2장 무얼 하고 있는지 헷갈리는 분들을 위한 위로

우리는 행복하려고 바쁩니다. 진짜 목표는 행복과 직결되어야 하며 그렇게 된다면 목표로 가는 길이 즐거움과 설렘으로 가득 차게 됩니다.

그런 우리를 보고 많은 사람이 힘들지 않으냐고 묻습니다. 우리는 즐겁다고 말하지만, 그들은 잘 믿지 않습니다. 안타깝게도 그들은 인생 전체를 즐거움으로 가득 채울 수 있는 정신세계를 한 번도 경험하지 못할 수도 있습니다.

오늘도 목표를 뚜렷이 하고 더 큰 행복을 위해 즐거운 여정을 떠납시다.

6. 진짜 테크닉

지금은 마음보다 기술을 더 궁금해하는 시대입니다. 하지만 진짜 테크닉은, 내 진심을 제대로 보여줄 수 있는 능력이 아닐까요? 이 사업에 보이는 내 진심, 이 사업을 꼭 함께하고 싶은 사람을 향한 내 진심 말입니다.

이 사업을 소개하기 위해 사람을 한 번 만난 뒤 거절당했다고 만남을 그만둔다면 그건 나를 위한 발걸음이겠지요. 그 사람이 진정 이 사업을 알아듣기를 바라는 마음으로 제대로 전달될 때까지 열 번이고 스무 번이고 만나는 게 그분을 위한 발걸음이 아닐까요?

벼는 농부의 발자국 소리를 듣고 자란다고 합니다. 꾸준한 진심은 태산 같은 부정도 녹여 무너뜨립니다.

혹시 그분의 마음이 바뀌지 않아서 고민입니까? 그분은 바뀌지 않는 게 아니라 바뀌지 않은 척하는 게 아닐까요? 우리가 진심을 꾸준히 잘 전달하고 있다면 이미 그분의 내면에서 많은 변화가 일어나고 있을 것입니다. 진심은 누구에게나 통하는 법이지요.

예를 들어 설명을 듣기 전에 부정이 100%였다면 설명을 들은 후에는 설령 거절을 하더라도 내면에 '아이템은 좋네', '사람은 좋

2장 무얼 하고 있는지 헷갈리는 분들을 위한 위로

네', '돈이 드는 건 아니네' 등 하나 이상의 긍정적 측면이 생길 겁
니다. 다만 표현하지 않을 뿐입니다.

그래서 팔로업이 중요한 것입니다. 팔로업을 하러 가서 제가 함
께 이루고자 하는 바를 얘기해 주면 역시나 그 내용 중에서 하나
이상의 긍정을 발견할 가능성이 큽니다. 물론 여전히 그것을 내색
하지 않을 수 있습니다.

그다음 주에 다시 가면 "아무리 생각해도 나는 못 할 것 같다"
라고 말합니다. 그 말을 곧이곧대로 들으면 부정적이지만 앞선 두
번의 후원으로 그분은 이미 마음속으로 '사업을 한번 해볼까?' 하
는 상상을 해본 셈입니다.

큰 발전이 아닌가요?

이처럼 사람은 점진적으로 바뀌지만 우리는 종종 부정적인 의
사표현에 마음을 쉽게 접어버리는 우를 범합니다. 점을 한번 찍어
볼까요? 점 한두 개로는 무엇을 뜻하는지 알기 어렵습니다. 그럼
하나 더 찍어보죠. 아직도 모르겠다고요? 다시 하나 더, 하나 더,
하나 더…, 이제 보이나요?

64 •••

1부 따뜻한 위로

맞습니다. 10번쯤 점을 찍으니 하트를 그리려고 한 걸 아셨죠?

내 마음의 진정성은 한 번의 만남으로 전달되지 않습니다. 반복해서 만나다가 상대방이 진짜 제 마음을 느끼는 순간에야 전해지는 겁니다. 그분의 변화가 밖으로 드러날 때까지 계속해서 내 마음을 전달해 봅시다.

이 사업은 좋은 제품과 좋은 일을 좋은 사람들과 함께 쓰고 함께 해내는 사업입니다.

그분이 괜찮은 분이 맞다면 끝까지 가봅시다.

그분의 내면의 변화를 잘 관찰해 보세요.

2장 무얼 하고 있는지 헷갈리는 분들을 위한 위로

7. 인생의 지름길과 시급 계산

간혹 내가 어디로 향하고 있는지 헷갈릴 때가 있습니다. 어쩐지 막막한 터널 안에 있는 것 같고 얼마나 왔는지, 얼마나 더 가야 하는지 감이 오지 않을 때가 있습니다.

애초에 그 터널은 왜 생겼을까요?

우리를 바깥세상과 차단하고 혼란에 빠뜨리기 위해 생겼을까요?

아닙니다. 빙 돌아가는 게 아니라 더 빨리 가도록 만들어진 것입니다. '막막한 과정' 자체가 지름길입니다. 그래도 가끔은 두려움이 밀려듭니다. 하지만 누군가에게 제 일을 함께해보자고 알리는 두려움보다 제 인생이 그냥 이대로 끝날 것 같은 두려움이 더 크기에 한 번 더 입을 떼봅니다. 두려움이 제 발목을 잡으려 할 때마다 제 인생 전체를 생각해 보는 겁니다.

하루하루를 결과라 생각하지 말고 인생을 하나의 '연습장'이라고 생각합시다.

매일 결과에 연연하며 오늘의 운을 바라며 사는 게 아니라,

매일 삶을 연습이라 생각하며 인생을 연습장처럼 생각하며 성

1부 따뜻한 위로

장하는 삶, 오늘 운 좋게 좋은 일이 있는 것보다 오늘도 또 한 번의 연습으로 조금 더 성장하는 우리가 되어봅시다.

어제도 한 걸음을 뗀, 또 한 번 입을 뗀 여러분들에게 큰 응원을 보냅니다. 매일의 작은 노력, 그게 대단한 거지요.

꾸준히 반복하는 사람에게는 본인만 빼고 모두가 알게 되는 '발전'이란 게 생깁니다. 여러분들은 이미 그 과정에 들어와 있습니다.

좋은 일이 생기는 것도 좋지만 오늘 '한 번 더'라는 생각이 결국 내년을 결정합니다. 오늘도 나아지고 있는 여러분들 축하드립니다.

최근 최저시급이 오르면서 많은 사람이 시급을 최우선 순위로 생각하고 있습니다. 어떤 결정을 내릴 때 다른 무엇보다 시급을 기준으로 비교하는 것이지요. 이 사업의 경우도 시급의 눈으로 비교하면서 도저히 타산이 맞지 않는다며 고개를 가로젓습니다.

그럴 수밖에요. 비즈니스 미팅에 참석한다고 누가 10만 원을 주

2장 무얼 하고 있는지 헷갈리는 분들을 위한 위로

는 것도 아니고 회원가입을 했다고 누가 찾아와서 마수걸이를 해 주는 것도 아닙니다. 또 1시간 동안 열심히 설명을 한다고 누가 돈을 주는 것도 아닙니다.

하지만 관점을 자산형 사고로 바꾸면 얘기가 달라집니다. 시간과 시급을 곱해 내 노동과 돈을 맞교환하는 사고로는 절대 이해할 수 없는 것이 자산형 사고입니다.

지금은 10억짜리 건물을 소유하고 있으면 월세로 400~500만 원을 받습니다. 그런데 만약 사업설명을 1천 번 해서 수입이 10억이 된다면 사업설명 한 번의 가치가 1억에 달한다는 것을 알고 있나요?

뭐, 자산형 사고까지 갈 필요도 없습니다. 시급으로 봐도 썩 괜찮은 일이니까요. 혹시 건물을 지을 때 땅을 알아보러 다닌 시간을 아까워하나요? 과외 선생님이 수업을 준비하는 시간과 학생을 모집하는 시간을 원가 개념에 포함하나요? 직장인이 출퇴근 시간과 퇴근 후 회사 생활을 준비하는 시간을 원가 개념으로 바라보나요?

68 •••   1부 따뜻한 위로

그렇지 않지요.

그럼 이 사업도 사람을 만나 무언가를 한 시간만 정확히 일한 시간으로 계산해야 하지 않을까요? 그럼 우리는 대체 하루에 몇 시간을 일하는 걸까요? 갑자기 시급이 굉장히 높은 일처럼 보이지 않습니까?

단순히 '시급'만 생각하다 노후에 '식겁'하는 수가 있습니다.

지금부터 자산을 준비합시다.

8. 거짓말 같은 삶

해마다 4월 1일, 즉 만우절은 거짓말을 해도 되는 날로 알려져 있지요. 그런데 이 사업에서는 정말로 거짓말 같은 삶을 누리는 사람이 참 많습니다.

거짓말 같다는 것은 시작과 결과가 크게 다르다는 것을 의미합니다.
거짓말 같으려면 초라한 시작이 오히려 더 좋을지도 모릅니다.
거짓말 같다는 건 그 결과를 믿기 어렵다는 뜻이니까요.

남들이 믿기 어려워하는 것을 끝까지 믿어내어 그것을 현실로 만드는 것, 그걸 믿지 못하는 사람들에게 결과로 보여주는 것이 우리 인생 목적이 되면 나머지 사항들은 저절로 다 따라오지 않을까요? 우리의 거짓말 같은 삶은 이제부터 시작이라 생각합니다.

"믿음, 그 위대한 힘"
'믿음'은 바라는 것의 실상이자 보이지 않는 것의 증거입니다.
하지만 많은 사람이 "현실을 봐라! 현실적으로 생각하라!"라고 이야기합니다. 그러면 그들이 현실이라고 일컫는 것은 어떻게 이뤄졌을까요?

가령 우리가 입고 있는 옷은 현실입니다. 그런데 몇 년 전 누군가가 그 옷을 상상한 뒤 온갖 시행착오 속에서 디자인하고, 결국 판매처를 찾아내 우리에게 현실이 되었다는 사실은 모르는 것 같습니다.

지금 우리 눈앞에 보이는 건물, 자동차, 스마트폰도 모두 누군가의 상상에서부터 시작되었습니다. 한마디로 우리는 과거에 존재한 누군가의 상상 위에 살고 있습니다. 그렇다면 미래의 우리는 현재 누군가가 상상하는 것을 기반으로 살아갈 것입니다.

믿지 못하는 사람은 믿은 사람이 상상하고 만든 세상 속에서 살아가야 합니다. 바로 그것이 믿음의 보상이 아닐까요?

2장 무얼 하고 있는지 헷갈리는 분들을 위한 위로

9. 찢기 힘든 종이

밤 11시쯤 되면 각 카톡방마다 함께 하시는 분들의 하루 사업일지가 올라오기 시작합니다. 모두 다 기억하진 못해도 저는 그것을 하나하나 다 보려고 노력합니다. 이때 좋은 일엔 저도 기뻐하고 빈칸이 많은 일지에는 그걸 적으며 아프고 아쉬워했을 사업 동료들의 마음을 함께 느껴봅니다.

그 종이 한 장에 그분 하루가 담겨 있습니다. 물론 우리의 마음과 노력을 한 장의 종이에 다 표현할 수는 없습니다. 더구나 감정과 마음은 언제나 그렇듯 며칠 지나면 녹아 없어집니다. 그렇지만 우리가 행하고 기록한 사업일지는 차곡차곡 쌓입니다. 설령 보이지 않을지라도 어떤 형태로든 쌓이지요.

종이 한 장은 쉽게 찢어집니다. 하지만 100장, 200장은 그렇지 않습니다. 저는 한순간의 특별함으로 이뤄낸 결과보다 꾸준하고 지속적이며 지겨울 정도로 반복한 행동이 쌓여 얻은 결과를 더 사랑합니다. 그리고 그런 것이 오래가는 법입니다.

우리는 네트워크로 가문 대대로 물려줄 유산을 만들고 있습니다. 오늘 하루 그 찬란한 유산의 한 부분을 멋있게 채우는 우리가 되어봅시다.

10. 바쁨의 방향

 '바쁘다'는 말은 종종 거절의 대체어로 쓰입니다. 뭔가 하자고 하면 흔히 바빠서 안 된다는 대답을 듣지요. 이것을 우리는 시간이 없다는 뜻으로 해석합니다. 다른 한편으로 바쁘다는 것은 열심히 산다는 뜻이기도 합니다. 바쁘지 않으면 할 일이 없는 사람이나 능력이 없는 사람으로 비추어지기도 하지요.

 현대인들은 대개 한 요소는 가난합니다.
 돈이 가난하거나 시간이 가난하지요.
 아니면 둘 다 가난하기도 합니다.
 바쁘다는 것은 내 시간을 다른 데 쏟고 있어서 시간이 가난하다는 것을 뜻합니다.

 그런데 삶에서 '바쁘다'는 것은 정말로 중요한 것일까요? 저는 단순히 바쁘다는 말을 입에 달고 사는 것보다 왜 바쁜지, 무얼 위해 바쁜지 생각해 보는 것이 훨씬 더 중요하다고 봅니다. 목적 없이 바쁜 것은 택시를 타고 어디든 빨리 좀 가달라고 요구하는 것과 같습니다.

바쁘게 살아가는 것이 늘 기분 좋은 건 아닙니다. 바쁜 상황은 특히 다음 두 가지 측면에서 우리를 불쾌하게 만듭니다. 하나는 남이 시킨 무언가로 인해 바쁜 경우입니다. 이것만큼 불쾌하고 불행한 것도 없죠. 이것은 대부분의 직장인이 겪는 비애이기도 합니다. 다른 하나는 비록 내 일이긴 하지만 시간을 바쁘게 보내고 결국 아무것도 남는 게 없을 때입니다.

여러분은 얼마나 바쁘게 살고 있나요? 바쁘게 살면서 유쾌함을 느끼고 있나요? 안타깝게도 어느 순간부터 습관적으로 바쁘게 살아가고 있습니다. 바쁘지 않으면 왠지 불안해하는 사람도 있지요. 행복이 목적이 아니라 어느새 바쁨이 목적이 되어버린 것입니다. 나도 모르게 목적이 뒤바뀐 셈이죠. 혹시 내일의 바쁨을 위해 오늘 바쁘게 살고 있지 않나요?

그럼 이 사업을 하고 있는 우리는 왜 바쁜 걸까요? 당장 큰 수입이 나오지도, 빠른 결과가 나타나지도 않지만 우리는 늘 바쁩니다. 이 사업의 가치를 아는 사람일수록 더 열심히 노력과 시간을 투자합니다.

～～～～～～～～～～～～～～～～～～～～～～～～～～～～～～～

그 진짜 이유는 크게 두 가지로 나눠볼 수 있습니다.

첫째, 우리 사업이 쌓이는 일이라는 걸 알고 하기 때문입니다. 소비자, 사업자, 내 실력이 어떤 형태로든 쌓인다는 것을 한 번이라도 경험한 사람은 더욱더 집중합니다.

둘째, 현재의 바쁨이 '바쁘지 않기 위한 바쁨'이란 걸 알기 때문입니다. 우리 일은 계속 바빠야 수입을 보장받는 것이 아니라 언젠가 내가 원하는 네트워크를 형성했을 때 내 시간을 어떻게 사용할지 스스로 선택할 수 있는 사업입니다.

이제 '막연한 바쁨'을 한번 멈춰보세요. 이 사업을 하자고 하면 바빠서 곤란하다고 하는 사람들의 말은 어쩌면 이런 뜻인지도 모릅니다.

"아직 스스로 수입이 나오는 자산을 만들지 못했어요. 그래서 오늘도 바쁨을 대가로 삶을 이어가야 합니다."

그래서 저는 포기하지 않고 권합니다. 언젠가는 그들이 알려줘서 고마워할 거라는 걸 알기 때문입니다. 특히 시급 개념이 생기면서 많은 사람이 시간당 페이와 그 안에서 눈에 보이는 수치적

2장 무얼 하고 있는지 헷갈리는 분들을 위한 위로

수고만 계산하고 있습니다. 그리고 늘 시간을 저당 잡힌 채 하루
하루를 연명하게 되었습니다.

　우리의 시간은 시급이라는 숫자로 매겨질 만큼 천한 것이 아닙
니다. 우리가 세상에 태어난 이유는 시급을 올려가며 다른 사람을
부자로 만들어주는 데 있지도 않습니다. 이 풍요로운 세상에서 자
유라는 티켓을 하루빨리 거머쥐고 하늘이 내려주신 풍요를 마음
껏 만끽하는 것이 우리가 태어난 이유가 아닐까요?
　이를 위해 우리는 주어진 숙제를 해내야 합니다. 때론 사업 진
도가 마음처럼 진행되지 않을 수 있습니다. 하지만 원래의 세상과
나의 관계로 다시 돌아가는 것은 내 삶이 목적 없이 바쁜 삶으로
되돌아가는 것과 같습니다. 우리가 원하는 자유가 이 사업 안에
서의 성취 끝에 분명 존재한다는 것을 여러 번 확인했기에 우리는
힘낼 수 있습니다.
　내 만족도를 낮춰 현재의 삶에서 행복을 느끼는 게 아니라 이 사
업 안에서 주도적으로 내 인생을 원하는 삶으로 이끌어가는 우리
가 됩시다.

76 •••　　　　　　　　　　　　　　　　　　　　　1부 따뜻한 위로

저는 매일 주어지는 하루하루가 감사합니다. 또 15년 전 잘 알아듣고 이 일을 시작한 제가 기특합니다.

여러분의 15년 후도 그러길 간절히 바랍니다.

이제부터 시작입니다.

2장 무얼 하고 있는지 헷갈리는 분들을 위한 위로

11. 자세 중의 으뜸은

미팅에서 다른 분들과 함께하면 혼자서는 상상도 할 수 없는 결과를 얻기도 합니다. 미팅에 참석해 보면 사람들의 이런저런 표정을 알아볼 수 있습니다. 새로운 분을 모셔와 그들의 표정을 살피느라 긴장하는 사람, 초대를 많이 했는데 함께하지 못해 안타까워하는 사람, 초대하지 않았는데 강의가 기대 이상으로 좋아서 '아, 나도 초대할걸' 하고 후회하는 사람 등 다양하지요.

이 세 가지 유형은 모두 달라 보이지만 여기에는 공통점이 있습니다. 바로 미팅 이후 감정과 생각이 발전하는 방향으로 변했다는 것이지요.

이번 미팅에 참석한 분이라야 아쉬움을 느낄 수 있고, 아쉬움을 느낀 분이라야 다음 미팅에서 더 좋은 결과를 내고 싶은 욕구를 품을 수 있습니다. 성공으로 가는 과정은 그런 아쉬움과 더 잘 해내고 싶은 마음으로 이뤄져 있습니다. 다음 미팅이 또 있다는 것이 그저 감사할 따름입니다. 사실 인생에는 결과가 없습니다. 모든 것이 다 과정입니다.

이 사업을 하면서 저는 자세와 관련된 강의를 한 달에 한두 번씩 꼭 들었습니다. 그러다 보니 벌써 수백 번의 자세 강의를 들었고, 아마 여러분들도 계속 듣고 있을 겁니다.

처음에는 무엇보다 중요한 것이 외적 자세입니다. 저는 '이 사업을 어떤 사업으로 보여주고 싶은가'는 제 외모(복장, 화장, 헤어 등)가 좌우한다는 개념을 이해했기에 빠르게 따라 할 수 있었습니다. 그다음에는 내적 자세, 즉 긍정적, 목표 지향적, 학습 자세를 반복해서 배웠습니다.

그런데 시간이 지날수록 처음에 들리지 않던 이야기가 들려오더군요. 그 과정에서 저는 조금씩 진짜 자세를 깨닫기 시작했습니다. 진짜 자세란 '내가 속한 세상과 내 인생을 어떤 각도로 바라보는가'라는 걸 알게 된 것이지요.

대상을 바라보는 눈은 내가 알고 있는 그 대상에 대한 배경 지식과 정보, 경험이 결정합니다. 따라서 똑같은 대상을 놓고도 사람들이 보이는 반응은 각자 다릅니다. 결국 삶의 결과는 세상을 보는 자세에 따라 달라진다는 것을 수많은 강의 속에서 깨달았습니다.

즉, 올바른 세계관의 확립이 내 인생을 바꿀 수 있다는 것을 알
게 되었습니다.

세상과 내 관계를 가능성의 자세로 보겠습니까?

아니면 이미 정해진 운명론적으로 보겠습니까?

혹은 불가능의 관계로 보겠습니까?

그 대답이 우리의 세계관이 될 것입니다.

하지만 한 번의 세계관이 죽을 때까지 유지되는 것은 아닙니다.
그건 상황과 감정에 따라 시시때때로 바뀌기도 합니다. 저 역시
상황에 따라 헷갈리기도 했지만 반복적인 미팅으로 올바른 세계
관을 다잡을 수 있었습니다.

이것은 개인의 의지로 해내는 일이 아니라 내가 좋은 환경 속으
로 들어가면 해낼 수 있는 사람으로 변하는 일입니다. '좋은 환경
속'이란 좋은 생각을 하는 사람들 사이에 있는 것을 말합니다. 그
리고 좋은 생각은 긍정적인 가능성이 있는 세계관을 의미합니다.

초보자를 있는 그대로만 보면 대수롭지 않게 느껴질 수 있습니

다. 반면 가능성의 눈으로 보면 초보자가 성공자로 가는 첫걸음으로 보입니다. 만약 초보자가 성공자로 가는 과정을 비디오로 찍은 뒤 그것을 영상으로 다시 본다면 어떨까요? 아마 모든 여정과 고생, 역경이 굉장히 가치 있게 보일 것입니다. '아, 저래서 성공했구나' 하고 생각할지도 모릅니다.

그러나 나조차 미래를 믿지 않는 상태에서는 그 여정과 역경을 볼 때 '내가 왜 이러고 있지?' 하는 생각이 드는 게 정상이 아닐까요?

올바른 세계관을 유지하며 새로운 미래를 만들어가야 합니다. 그래야 일정한 성공 이후에도 계속 행복하게 사업을 할 수 있습니다.

그렇게 자리 잡은 세계관은 여러분 집안을 타고 흘러 자녀들과 그다음 세대에게도 영향을 미칠 것입니다. 우리 세대에 성공 DNA를 심읍시다. 그래서 다음 세대들은 애쓰지 않아도 성공 사고방식을 가지고 살 수 있게 합시다.

여러분의 세계관을 멋지게 튜닝했으면 좋겠습니다. 그리고 그

2장 무얼 하고 있는지 헷갈리는 분들을 위한 위로

멋진 생각을 주위 사람들과 나누면 더할 나위 없이 기쁠 것 같습니다.

애플 같은 기업은 브랜드 애호도를 높여 제품을 쉽게 판매합니다. 그들은 사달라고 사정하는 게 아니라 고객이 사고 싶게 만들지요. 마찬가지로 우리가 해야 할 일은 인간 애호도를 높여 모두가 우리를 따라 하고 싶게 만드는 것입니다.

12. 목적과 시점 수정

목적이 있는 사람의 아침은 명료하고 또렷합니다. 반면 목적을 잃은 사람의 아침은 허망하고 무료하지요. 이 사업을 하면서 제가 무척 감사하는 일 중 하나는 평생 목적을 갖고 살아갈 수 있다는 점입니다.

이 사업을 하는 우리는 나이가 들어도 목숨을 '연명'하는 데 목적을 두지 않습니다. "죽지 못해 그냥 산다"라는 말로 자기 삶을 표현하지도 않습니다. 그 대신 내가 어디로 가고 있고, 사람들을 어떻게 도울 것이며, 내년엔 무얼 할 것이고, 이를 위해 어떻게 할 것인지 스스로 결정합니다. 그걸 해내고 얻어내는 것이 바로 우리의 사업 속에서 살아가는 과정입니다.

그 과정에서 우리는 무엇을 얻을까요? 수입, 시간, 사람 등 여러 가지가 있지만 무엇보다 중요한 것은 온전한 자유의지에 기반한 '주체성'입니다.

내 삶을 온전히 내가 운전한다는 능동적이고 주체적인 느낌,

현재는 내가 과거에 선택한 결과라는 것을 인정하는 것,

따라서 앞으로 내 미래는 현재의 내 선택에 달려 있다는 것을 믿

2장 무얼 하고 있는지 헷갈리는 분들을 위한 위로

을 수 있는 자세.

이 모든 것은 이 사업의 선한 목적성에서 나오는 것이 아닐까 싶습니다. 우리는 좋은 회사를 설립한 좋은 생각을 지닌 창업자를 만났습니다. 그리고 좋은 멘토들도 만났지요. 이제는 우리가 좋은 멘토가 될 차례입니다.

이를 위해 가장 먼저 해야 하는 선택은 우리가 어떤 목적을 가지고 하루를 시작할지 결정하는 일입니다. 기쁜 하루란 좋은 감정도 중요하지만 좋은 방향과 그 방향대로 조금씩 성장해 결국 목적을 달성했을 때 얻는 온전한 성취감과 거기에서 오는 기쁨으로 가득한 하루가 아닐까요?

우리에게는 오늘 하루도 '과정'입니다. 우리는 과정적 시점을 유지하며 내 삶의 하루를 어떻게 디자인할지 고민하면서 한 발, 한 발 나아가야 합니다.

사업을 하다 보면 문득 내 시선이 결과적 시점에 놓여 있음을 느끼기도 합니다.

'3명에게 설명을 했는데 아무도 알아듣지 못하네.'

'몇 년을 했는데 내가 원하는 결과가 여전히 나오질 않네.'

이것은 '지금'을 결과나 성적을 내는 시점으로 잡을 때 일어나는 현상입니다. 저 역시 자존감이 낮아 저를 남들과 자주 비교하며 힘들어했던 기억이 납니다. 하지만 이런 생각은 틀렸습니다. 사실 우리 인생에 결과라는 것은 존재하지 않습니다. 모든 순간이 과정입니다. 10년을 했든 30년을 했든 우리는 모두 여전히 과정선상에 놓여 있습니다.

결과적 시점에서 과정적 시점으로 옮겨올 때 우리는 한 번 더 힘을 낼 수 있습니다.

과정적 시점을 보이는 사람은 '오늘, 누구에게, 무엇을'이라는 주제를 가지고 살아갑니다.

그 시선을 유지하게 해주는 것이 바로 시스템이지요. 우리와 함께 나아가는 다른 분들이 바로 시스템입니다.

13. 선택으로 짓는 삶

이 사업을 하는 분들이 자주 하는 말 중에 "지나가는 길에 들렀다"라는 것이 있습니다. 우리는 언제나 '너네 집 앞을 지나가는 길'이지요. 대구도 지나가고 서울도 지나가는 길입니다. 대체 어디에 가기에 여기를 지나가느냐는 말을 들어본 적 있나요?

마음이 늘 그분을 향하고 있으니 언제 물어봐도 우리는 그분의 집 앞을 지나가는 길입니다. 물론 그다음은 그분을 지나 또 "그분에게" 소중한 사람으로 지나갈 예정이지요.

여러분에게도 진정 함께하고픈 분이 있나요? 아무리 멀리 있어도 그분과 만날 수 있다면 한달음에 달려가고 싶은 그런 분 말입니다. 그렇다면 오늘도 지나가는 길에 들러보는 건 어떨까요? ImaGINAtion!! 늘 그분과 함께할 것을 상상하며 GINA가는 길에 들러보는 겁니다. 기적은 생각 속이 아니라 '만남' 속에서 일어납니다.

인생을 노력 관점으로 해석하면 힘듦의 연속입니다. 무슨 일이든 마찬가지겠지요. 누군가에게 노력이 부족해서 잘 안 되는 것 같다고 지적하면 혹은 스스로 노력이 부족해서 잘 안 되는 것 같다고 생각하면 뭔가가 달라지나요? 적어도 저는 그렇게 해서 달라지는 경우가 거의 없었던 것 같습니다.

하지만 인생을 '선택' 프레임으로 보면 상황은 달라집니다.

폭넓은 선택이든 구체적인 선택이든 선택 하나하나가 내 인생을 만들어갑니다.

오늘 아침 몇 시에 일어날지,

내일 누구를 만날지,

톡을 할지 전화를 할지,

내일 미팅을 누구에게 추천할지,

사업 일지를 쓸지 말지,

어떤 책을 읽을지,

이런 것들은 구체적인 선택에 해당합니다.

내년을 위해 지금 무얼 해야 할지,

내 삶에 무엇을 남길지,

나는 어떤 사람이 되어야 하는지,

와 같은 것들은 인생 전반의 폭넓은 선택에 속합니다.

매 순간, 미래의 내게 도움을 주는 선택을 지속할 때 남들은 여러분을 '노력파'라고 부를 것입니다. 물론 우리는 단지 내 삶에 좋은 영향을 끼치는 좋은 선택을 할 뿐이지요.

이 사업도 선택의 연속입니다. 그러기에 좋은 선택을 할 수 있는 감각을 유지하는 것이 무척 중요합니다.

좋은 선택을 하려면 '좋은 감정 상태'에 머물러 있어야 합니다. 나쁜 감정 상태에 있으면 좋은 선택의 방향이 보이지 않습니다.

여기에 가장 큰 도움을 주는 것이 '책'입니다. 책에는 성공한 많은 사람들의 의사결정 메커니즘이 자세히 나와 있기 때문입니다. 우리는 이것을 반드시 배워내어야 합니다. 여러 상황을 간접적으로 경험하면서 앞으로 있을 여러 가지 일을 미리 살펴보면 좋은 선택을 더욱더 잘할 수 있습니다. 그리고 먼저 해낸 분들의 강의는 좋은 기운과 좋은 선택의 방향성을 지켜줍니다.

오늘, 지금, 이 순간에 좋은 선택을 하세요. 어떤 선택을 하면 앞으로 내가 원하는 미래에 닿게 될까요?

세상에서 가장 큰 에너지를 내는 것은 '스스로 한 선택'입니다.

멋진 선택을 하는 오늘이 되세요!

14. 어색한 제안

우리는 네트워크 마케팅을 하는 사람들입니다. 우리는 남들과 다른 선택을 했습니다. 평범한 삶이 아니라 남들과 조금 다른 길을 걷고 있지요. 우리는 결과가 다른 삶, 노년이 되었을 때 후회하지 않을 삶을 위해 인세 수입을 기반으로 한 '자유'를 추구합니다.

네트워크 마케팅 사업에는 소비자 만들기와 파트너 만들기라는 두 개의 중요한 축이 있습니다. 그리고 여기에는 둘 다 '거절'이라는 요소가 포함되어 있습니다. 많은 사람이 '거절'당했을 때의 상황과 감정이 두려워 비즈니스 기회나 제품을 사람들에게 잘 제시하지 못합니다. 저 역시 그랬던 적이 많습니다.

그렇지만 곰곰이 생각해 보면 우리는 일상에서도 늘 거절을 받고 살아갑니다. 단지 인지하지 못할 뿐입니다.

자영업자라면 내 가게에 들어왔다가 그냥 나가는 사람과 지나치는 사람은 다 거절한 것입니다. 직장인도 더 좋은 직장에서 거절당하기 일쑤입니다. 친구와 술 한 잔을 나누다가 2차를 가지 않는 것도 거절입니다. 거절이라는 프레임을 기준으로 찾아보면 우리 인생에 거절이 숱하게 많다는 것을 알 수 있습니다.

이 거절이 연속되면 사람들은 더 이상 구하지 않고 현재에 안주합니다.

저는 거절을 '찾는' 프레임으로 바라봅니다. 우리에게는 파트너와 소비자가 필요하지만 그들은 아직 우리 비즈니스를 필요로 하지 않을 수 있습니다. 서로 거래가 이뤄지려면 필요와 필요가 만나야 합니다. 어느 한쪽의 일방적인 필요로는 지속적인 관계를 형성하기 어렵습니다.

그러면 내가 가진 것을 필요로 하는 사람은 어떻게 만날 수 있을까요? 계속해서 찾고 구하다 보면 어느 순간 만납니다. 이 사업 속의 수많은 성공자들이 그 증거입니다.

거절은 결과가 아닙니다. 하나하나의 횟수에 모든 것이 달려 있는 게 아닙니다. 오늘 한 번 "이 사업 함께 해볼래?"라는 말에 거절을 당했다고 내 사업이 끝나는 것도 아니고, 긍정적인 답을 얻었다고 다 되는 것도 아닙니다.

2장 무얼 하고 있는지 헷갈리는 분들을 위한 위로

~~~~~~~~~~~~~~~~~~~~~~~~~~~~~~~~

중요한 것은 '어제도 찾으려고 했는지', '오늘도 찾을 것인지'입니다. 그 과정 중에 경험하는 '예'와 '아니요'는 그다지 큰 의미가 없습니다.

꾸준히 지속하다 보면 어느새 굳건한 내 의도나 행동과 코드가 맞는 사람이 따라옵니다. 하루하루 결과가 아닌, 사업일지 완성도에 기뻐하세요. 오늘도 찾으세요. 그 안에 답이 있습니다.

아무리 재능이 뛰어난 사람도, 운이 좋은 사람도, 많이 하는 사람을 이길 수는 없습니다. 그리고 감정을 소중히 여기면 언제나 감정이 널뛰기하는 것에서 벗어나기 어렵습니다. 생각을 접고 원칙을 펼쳐봅시다.

오늘도 우리는 '어색한 제안'을 하러 갑니다. 시간이 흐를수록 그것은 자연스러워지고 점차 사업 동반자 들이 늘어납니다.

아마 여러분의 멘토들도 여러분에게 사업을 함께하자고 권유하는 게 쉽지 않았을 겁니다. 그렇지만 그 멘토들의 용기로 여러분의 사업이 시작되었습니다. 이제는 여러분이 용기를 낼 차례입니다.

더 멋진 파트너를 만들어서 자랑하는 여러분의 모습을 보고 싶습니다. 여러분의 성공을 굳게 믿습니다. 우리는 모두 좋은 사업과 좋은 팀을 만났습니다.

늘 빛나는 하루하루가 되길 기원합니다.

멋지게 사업합시다!!

무얼 살지 고민하는 '나'에서 무얼 팔지 고민하는 '나'로!

돈이 나가기로 예정된 '나'에서 돈이 들어오기로 예정된 나로!

3장

뭣 때문에 이러고 있나 싶은

분들을 위한 위로

3장 뭣 때문에 이러고 있나 싶은 분들을 위한 위로

1. 인생의 반전

어제 열심히 네트워크를 만든 여러분들, 오늘도 밝은 미래를 내다보는 안목으로 네트워크를 만들어가는 하루가 되었으면 좋겠습니다. 요즘 저는 '해보기'란 말이 몹시 좋아졌습니다.

1월 1일에 '해'보러 가는 것처럼
비즈니스 설명이든 제품에 대한 설명이든
1일 1번씩 '해보는' 것은 어떨까요?

제품 시연 거울은 마치 지니의 램프 같습니다.
주방세제 시연을 많이 하다 보니 우리 집에 설거지를 도와주는 이모님이 생겼습니다.
미팅장에서 사업 파트너들의 아이들을 열심히 봐주다 보니 우리 집에 애를 봐주는 좋은 이모님이 생겼습니다.

비즈니스 설명을 열심히 하다 보니 나보다 더 잘하고 많이 하는 파트너가 생겼습니다.
미팅장에 앉아 성실히 듣다 보니 나중에는 제가 서서 강의하는 날이 찾아왔습니다.

일이 없어도 누군가를 찾아가다 보니 나중에는 많은 분들이 찾아오는 사람이 되었습니다.

남의 스토리를 매일 이야기하다 보면 남들이 내 스토리를 이야기하는 날이 반드시 옵니다.

바쁘지만 돈이 되지 않는 시간을 열심히 보내다 보면 바쁘지 않아도 돈이 되는 시간이 찾아옵니다.

남들이 쉴 때 성실히 준비하면 남들이 일할 때 쉴 수 있는 자산이 생깁니다.

젊을 때 불안하고 초조하게 뭔가에 집중하면 노후에 불안감과 초조함이 사라집니다.

원래 부자가 계속 부자인 것도 좋습니다. 그러나 평범함 혹은 그 이하였던 우리가 열심히 노력해 그 이상으로 반전을 이룰 때의 기분은 그 무엇과도 비교할 수 없지요. 나를 거절한 사람들에게 다음 한마디를 남기는 것이 우리의 최종 목표가 아닐까요?

"봐, 된다고 했지? 이게 맞다고 했지?"

2. 지금 뭐 하고 있어?

이 질문에 우리는 어떻게 대답해야 할까요?

인간은 본능적으로 언행일치를 추구합니다. 자기가 스스로 말한 것을 지키는 사람이 되려고 애를 쓰지요. 다시 말해 언어에 자신을 가두고 그와 일치할 때는 행복을 느끼지만 그러지 못하면 괴로워합니다.

우리의 인생이 하나의 큰 목적이 있는 긴 여정인 것이 좋을까요, 아니면 감정에 따라 오르내리며 즉흥적 선택의 연속인 것이 좋을까요?

어떤 이는 "인생은 그냥 살아가는 것이다"라고 말합니다. 저는 이런 생각에 반대합니다. 저는 제가 인생을 살아가는 것이 아니라 무언가를 남기는 중이라고 생각합니다.

물론 네트워크를 기반으로 한 자산을 남기는 것도 맞지만 의미가 담긴 제 행보로 삶의 모습을 남기고 싶습니다. 그래서 시간이 감사하지요. 시간이 제 행동과 말이라는 잉크 밑의 도화지가 되어주니까요. 제가 남기고 싶은 삶으로 하루하루를 채워갈 수 있는 미래가 있다는 것 역시 시간이 감사한 이유입니다.

그 남김은 우리 가족의 유산으로 남을 겁니다. 또 우리 파트너들이 따라올 바른 길이 될 것입니다. 저는 언젠가 이 사업을 하는 많은 분들이 제가 남긴 길을 하나의 좋은 기준으로 여기며 따라하는 날이 오지 않을까 하는 생각을 꾸준히 해왔습니다.

지금 제게 뭐 하고 있느냐고 묻는다면 저는 그런 삶을 남기는 중이라고 대답하겠습니다.

그래서 우리는 자신이 정한 대로 살려고 노력하고, 감정에 따른 자연스러운 삶이 아니라 남들이 보기에 때로는 억지 같은 삶으로 보일 수도 있겠지요.

대단한 사람이라야 대단한 일을 하는 것이 아닙니다. 대단한 목표가 대단한 사람을 만듭니다.

이제 뭐 하고 있느냐는 질문에 "앉아 있다"거나 "식사하는 중"이라는 대답 대신 이렇게 대답해 보는 건 어떨까요?

"어머님께 드릴 용돈을 마련하는 중입니다."

"아이의 유학비를 준비하는 중입니다."

"55세에 은퇴할 준비를 하고 있습니다."

3장 빚 때문에 이러고 있나 싶은 분들을 위한 위로

"대대로 이어질 우리 가문의 자산을 만들고 있습니다."

목적이 이끄는 삶을 살아봅시다.

3. 진짜 부자

부자들 중에는 정말로 요리에 깊은 조예가 있거나 그 나름대로 흥미로운 스타일을 보이는 사람이 꽤 있습니다. 가령 요리에는 특정 지역에서 나는 재료만 넣는 식입니다. 학문이나 예술에 조예가 깊은 사람도 많습니다. 특히 그림에 조예가 깊은 사람은 뭔가 우리와 동떨어진 세계에 있는 것 같고 굉장히 멀게 느껴집니다. 딴 세상 사람 같기도 합니다.

부자가 된다는 건 무얼까요? 내가 하고 싶은 것을 자유롭게 할 수 있을 정도의 부를 갖추고 있다는 말이 아닐까요?

여러분은 무얼 하고 싶습니까? 정말 돈만 많으면 그걸 할 수 있을 것 같나요?

지금부터 '부자'라는 단어 앞에 형용사를 붙여봅시다.

글쓰기를 좋아하는 부자

음악을 좋아하는 부자

그림을 좋아하는 부자

운동을 좋아하는 부자

3장 뭣 때문에 이러고 있나 싶은 분들을 위한 위로

뭐든 좋습니다.

성공한 이후의 삶을 지금부터 디자인합시다.

사람은 성장을 위해 추구하는 대상이 없을 때 한없이 우울해집니다. 반대로 성장을 위해 추구하는 대상만 있으면 언제나 희망으로 가득 찰 수 있습니다.

돈이 없을 때는 돈 자체가 목적이 되지만 돈이 생기면 돈은 수단에 불과합니다.

그래서 돈을 버는 것보다 더 중요한 것은 우리가 원하는 것을 찾는 일입니다. 오늘도 심혈을 기울여 그것을 찾아봅시다. 그것이 우리가 왜 사는지와 깊은 연관성이 있기 때문입니다.

4. 욕심과 목표의 관계

사람이 무언가를 많이 가지려고 하면 욕심이 많다고 하고, 적게 가지려고 하면 욕심이 없다고 말합니다. 욕심은 물질과 재화가 한정적일 때라야 '있다' 혹은 '없다'라고 구별이 가능한 개념입니다.

예를 들어 사과 10개를 5명이 나눠가질 때 한 사람이 서너 개를 가지려고 하면 욕심이지요. 그런데 성공한 사람들은 우리가 사는 세상을 무한대로 봅니다. 이것은 욕심의 개념으로 판단하기가 어렵습니다. 무한대의 세상에서는 욕심이 '많다' 혹은 '적다'는 개념보다 목표의 유무가 훨씬 더 중요합니다.

그저 상상한 만큼, 목표로 한 만큼 이뤄내는 세상인 거지요. 아무도 공평의 원리로 우리에게 재화를 분배해 주지 않습니다. 다만 상상하는 만큼, 목표하는 만큼 이뤄낼 뿐입니다. 목표를 세워 더 많은 부를 추구한다고 해서 지탄받을 일은 아닙니다. 그건 자본주의 사회에서 경제생활을 하는 사람들이 당연히 추구해야 하는 사항 중 하나에 불과합니다.

반면 탐욕은 우리가 멀리해야 할 대상입니다.

탐욕은 자신의 여건이 더 좋으면서도 다른 사람이 누리는 것마

3장 뭣 때문에 이러고 있나 싶은 분들을 위한 위로

저 빼앗고 싶어 하는 것을 말합니다. 누군가가 다리가 불편해서 앉아 있는 것을 보며 나도 앉고 싶다고 생각하는 것, 어쩔 수 없이 쉬어야 하는 사람의 쉼을 부러워하는 것도 탐욕입니다.

목표를 이루기 위해 쉼 없이 달려가는 사람은 간혹 목표가 없는 사람들이 부러워 보일 수도 있습니다. 목표라는 행복점을 찍는 동시에 그 자매품으로 스트레스가 따라오는 법이니까요.

하지만 그거 아세요? 목표가 없는 사람에게는 목표를 이루기 위해 달려갈 때 겪는 역경과 스트레스조차 부러움의 대상이라는 것 말입니다.

특정 단계를 엄두도 내지 못하는 사람에게는 그 단계에 도전하느라 스트레스를 받는 분들의 모습조차 부러움의 대상입니다.

대가를 치르지 않고 보상을 바라는 것도 탐욕입니다.

저는 늘 목표와 행동이 어울리지 않는 것도 이 사업을 어렵게 만드는 이유 중 하나라고 들어왔습니다. 이럴 때 우리는 목표를 이루기 위해 목표를 하향 조정하거나 아니면 내 행동을 상향 조정해야 합니다. 둘 중 하나는 바꿔야 하는 거지요.

이러한 결정의 방향도 점차 습관화됩니다. 흥미롭게도 언제나 목표를 바꾸려는 사람도 있고, 자신을 변화시켜 목표에 다다르려는 사람도 있습니다. 이것은 개개인의 선택입니다.

이 선택은 다음 두 가지 질문으로 대변할 수 있습니다.

무엇을 바꾸는 게 내 인생에 편할까요?

VS

무엇을 바꾸는 게 내 인생에 유리할까요?

오늘도 우리 삶에 유리한 선택을 하시는 날이 되었으면 합니다.

3장 빚 때문에 이러고 있나 싶은 분들을 위한 위로

5. 좋아질 일과 잘할 일만 남았다

그저께 낮에 제가 좋아하는 사람들, 제게 잘해주는 사람들과 방송을 찍었습니다.

그저께 저녁에는 제가 좋아하는 사람들, 저를 좋아해 주는 사람들과 여행을 즐겼습니다.

어제 낮과 저녁에는 제가 좋아하는 분으로 가득 찬 모임에서 즐거운 시간을 보냈습니다.

오늘 오전에는 제가 좋아하는 사람들을 만나고 또 제가 예전보다 더 잘하게 된 일을 하러 갑니다.

감사하게도 제게는 그분들이 더 좋아질 일과 제 일을 더 잘할 일만 남았습니다. 그야말로 제 삶이 풍요로움으로 가득 채워지는 느낌입니다.

우리, 더 좋아하고 더 잘해 봅시다.

이 사업은 참 희한한 일입니다. 분명 과거와 연결되지만 가끔은 어제까지만 해도 생각조차 하지 못하던 독립적인 일이 일어나기도 합니다.

꾸준한 만남 덕분에 비전을 보는 사람도 있고, 오늘 문득 생각이

나서 연락했는데 의외로 관심을 보이는 경우도 있지요.

오늘 하루라는 시간에 그처럼 즐거운 일이 많이 일어나도록 만들어봅시다.

세상에서 제일 재밌는 일은 쉬는 것도 아니고 게임하는 것도 아니며 술을 마시는 것도 아닙니다. 바로 남들이 안 된다고 하는 걸 해내는 것입니다.

결국 우리가 옳았음을 증명하는 것, 우리 삶 전체가 하나의 메시지를 전달해 주는 것이 진짜 멋진 삶이 아닐까요?

6. 가식 그리고 진심

많은 사람을 만나다 보면 가끔은 누군가를 만나 얘기하며 웃는 것이 스스로 어색할 때도 있습니다. 단편적으로 생각하면 그 웃음은 진심이 아니라고 볼 수도 있습니다.

그런데 좋을 때만 웃는 것은 아기들도 합니다.

우리의 진짜 진심은 이렇습니다.

'가족에게 더 나은 삶을 선사하고 싶다.'

'고생하는 파트너들 잘 살게 해 주고 싶다.'

'부모님께 맘껏 해 드리고 싶다.'

'내 일을 너와 함께하고 싶다.'

이거면 충분하지 않을까요?

최종적으로 아이가 잘 크는 걸 원하기에 혼내고 싶은 진심을 숨기고 칭찬으로 키우고, 최종적으로 안전하게 졸업하고 싶어서 반항하고 싶은 진심을 숨기고 선생님의 지시를 따르는 것이지요. 최종적으로 원하는 게 명확하니까 우리가 그에 어울리는 표정과 행동과 몸짓과 외모를 갖추는 게 아닌가요?

과정을 원하는 대로 다 하면서 결과도 원하는 대로 되길 바라는 것은 '아동 심리'라고 합니다.

제 어머니께서 이런 말씀을 하셨습니다.

"하고 싶으면 하고, 하기 싫으면 하지 않는 게 아동이라면, 해낼 가치가 있는 일이라면 어려움에도 불구하고 배워서라도 해내는 게 '어른'이다."

원하는 걸 얻기 위한 과정은 잡식성이어야 합니다. 편식은 과정의 편함을 선택한 것이지요.

눈앞에 있는 걸 해봅시다. '고민'이라는 통에 들어가는 순간 그 사항은 무기한 연기입니다. 지금 하고 또 하고, 그냥 하고, 마 해버리는 것이지요. 그러면 하지 않고 지나간 시간보다 훨씬 더 많은 게 남습니다.

사실 어떤 일을 '할 수 있다'와 '할 수 없다' 이 두 가지 사항으로 분류하는 것은 너무 1차원적입니다. 태어날 때 엄마 배에서 걸어서 나온 사람이 있을까요? 말하면서 나온 분은요?

환경과 배움의 도움으로 이렇게 성장해 놓고 우리가 '나는 못할 거야'라고 생각하는 것은 교만입니다. 갓 태어난 아기를 보고 "이 녀석은 대통령이 될 것 같다"라고 말하지 않습니다. 무엇을 할 수 있고 무엇은 할 수 없을 것 같다고 단정 짓지 않습니다. 내 안에 무엇이 잉태되어 있는지는 누구도 알 수 없습니다. 그것이 발현하는 데는 시간이 걸립니다. 마찬가지로 성공자는 태어나는 것이 아니라 만들어집니다. 지금 우리의 상태는 환경이 해준 겁니다. 배워서 이렇게 된 것입니다.

만약 유인원 시기 때부터 지금까지 할 수 있는 것만 해왔다면 우리는 아직도 벌거벗고 자연이 주는 것이나 주워 먹으며 살고 있지 않을까요? 인류는 각 방향으로 영원히 발전합니다. 그러나 내 인생을 발전시킬 사람은 나밖에 없습니다.

우리 인생을 '원하느냐, 원치 않느냐'로 나눌 때 인생에 의미 있는 구간이 늘어나기 시작합니다. 인간은 무언가를 진심으로 원하면 억지로라도 배워서 해냅니다. 반대로 원하지 않으면 할 수 있는 일도 하지 않습니다.

제가 미팅으로 얻은 가장 큰 것은 원하는 것이 점점 구체화되면서 그걸 더욱더 원하게 되었다는 점입니다. 인생의 큰 기쁨은 욕구의 성장으로 능력의 여집합을 점차 줄여나가는 것입니다.

7. 바쁘다는 것과 알고 하는 것

우리가 진정 바빠야 하는 이유는 함께하는 사람들의 더 큰 성장 때문입니다. 우리는 이 사업을 통해서 자유를 얻었다면 다른 분들도 자유를 얻도록 도와야 하고 결국 그것이 더 큰 기쁨으로 돌아온다고 배웠습니다.

우리는 서로 도움을 주고받아야 합니다. 더 잘나서 돕는 것도 아니고 못나서 도움을 받는 것도 아닙니다. 도움을 주고받는 것은 감정 교환 행위의 가장 상위에 위치해 있습니다. 그만큼 스스로 얻는 기쁨이 큽니다.

세상에서 가장 가치 있는 식사는 무얼 위해 먹는지 뚜렷이 알고 먹는 식사입니다. 물론 우리는 허기를 참지 못하는 동물이긴 하지만 "다 먹고살려고 하는 짓"이라는 말은 어쩐지 인권을 유린당하는 듯한 느낌을 줍니다. 그것이 사실일 수도 있으나 저는 그걸 인정하고 싶지 않습니다. 저는 무언가를 해내기 위해 먹고, 누군가를 돕기 위해 살고 싶습니다. 제 삶이 그렇게 쓰였으면 좋겠습니다.

어느 날 비즈니스 모임을 하러 가는 길에 시간이 빠듯해서 겨우 하나 사먹은 어묵 한 컵이 그리 감사할 수 없더군요. 어떻게 제 허기를 알고 그곳에 어묵 노점상이 있어 주었는지 감사했지요. 새삼 목표가 있을 때 주위에서 도와준다는 것과 목표가 있을 때 평범한 것에 감사할 줄 안다는 것을 느꼈습니다.

저는 무얼 해야 할지 모르면서 먹는 고급 뷔페보다 그 어묵 한 컵이 더 행복합니다. 내 입으로 들어간 어묵이 내는 에너지가 어디에 쓰일지 알고 먹기 때문입니다.

이 사업도 알고 시작합시다!

알고 하는 것과 모르고 하는 것에는 굉장한 차이가 있습니다.

예를 들어 성공자가 될 것을 알고 사업을 진행하는 분과 모르고 진행하는 분의 열정이나 행복감은 분명 다를 겁니다.

성공자가 된 뒤 인터뷰를 하면 가장 만나고 싶은 분이 누구냐는 질문에 많은 분들이 이렇게 대답합니다.

"이 사업을 처음 시작할 때의 저 자신입니다."

불안해하고 걱정하면서 제대로 믿지 못한 채 이 사업을 꾸역꾸

역 해나가던 그때의 자신에게로 돌아가 이런 말을 해주고 싶답니다.

"넌 어차피 성공할 거니까 마음 편히 거절을 받고 마음 편히 열심히 해!"

모든 일을 성공을 향해 가는 과정이라고 생각하면 못 해낼 일이 없습니다. 물론 이미 목표를 달성한 미래 시점에는 그것이 '당연'하겠지만 시작하는 시점인 과거에는 '확신'이 필요하겠지요.

우리부터 미래의 나를 믿어봅시다. 그래야 주위에서도 믿기 시작할 겁니다. 그래야 함께하는 사람들이 점차 늘어납니다.

우리 모두에게는 미래의 나를 믿는 능력이 있습니다. 결제를 할부로 하는 것도 미래의 나를 믿기 때문이 아닙니까? "다음 달의 나, 다다음 달의 나야, 잘 부탁한다. 너만 믿는다"라면서 말이죠.

마치 이뤄지기로 확정된 것 마냥 비즈니스 프러포즈합시다. 이론보다는 확신이 상대방의 호기심을 불러일으킵니다.

다음을 외치고 시작합시다.

"된다, 된다. 나는 된다!"

3장 뭣 때문에 이러고 있나 싶은 분들을 위한 위로

여러분의 시간과 노력이 한 방향으로 나아가는 뚜렷한 하루를
만들길 기원합니다.

8. 참깨라면보단 함께라면!

저는 큰 미팅에 참석하면서 사람은 이론보다 감정으로 움직인다는 걸 더 크게 느꼈습니다. 행사 마무리 시간에 무대 위에 올라가 객석을 바라보는데 가슴이 두근거리고 뭔지 모르겠지만 정말 대단하다는 생각을 많이 했습니다.

만약 제가 그런 행사에 혼자 참석했다면 어땠을까요? 콘텐츠와 강의가 아무리 좋아도 관객이 저 혼자밖에 없었다면 그런 감동이 밀려올까요? 분명 그런 감정을 느끼기는 어려울 겁니다.

큰 행사라고 해서 원래 우리가 들어온 사업설명회와 많이 다르지 않은데 왜 우리는 훨씬 더 큰 감동을 받을까요? 저는 다른 수천 명의 참석자들과 함께 들은 것이라 더욱더 감동적이라고 생각합니다.

더 많은 분과 함께 들을수록 더 큰 감동이 오고, 우리는 감동을 받은 만큼 변화하고 움직입니다. 그래서 사람이 많이 모이는 곳을 찾아다니는 게 우리 사업에 큰 도움을 주지요. 혼자서는 절대 만들 수 없는 의지가 단체 속에서는 만들어지니까요.

3장 및 때문에 이러고 있나 싶은 분들을 위한 위로

약 30년 전 한 부부의 어려운 결정이 수많은 사람들에게 엄청난 영향을 미치고 있습니다. 그들의 30년 전 결정의 결과가 우리에겐 큰 희망이 됩니다.

이제 여러분의 30년 뒤가 궁금합니다. 여러분의 결정은 앞으로 얼마나 많은 분께, 얼마나 깊이 영향을 미칠까요? 생각만으로도 설레고 가슴이 뜁니다.

"참깨라면 보다 함께라면"입니다!

9. 상상화에서 정물화로

몇 년 전, 저는 어느 집에서 열린 비즈니스 모임에 초대를 받아 사업설명을 한 적이 있습니다. 막상 가보니 어쩐지 모두가 불편한 분위기였습니다. 특히 초대받은 분의 표정이 어찌나 불편해 보이던지 저도 무거운 마음으로 사업설명을 했던 기억이 납니다. 그 자리에 처음 초대받은 어떤 여성은 사업설명을 끝낼 때까지 눈 한 번 제대로 마주치지 않았지요.

그런데 몇 년 후 그토록 불편한 표정을 짓고 있던 그 여성은 얼마 전 300명 앞에서 강의를 했습니다. 굳이 다른 데서 기적을 찾을 필요가 있나요? 이미 우리는 종종 기적을 체험하고 있습니다.

제게는 파트너들의 변화가 곧 기적입니다. 당시 그 여성이 한눈에 성공자가 될 것같이 보였냐고요? 전혀 그렇지 않습니다. 하지만 그녀는 멘토들의 애정 어린 후원에다 본인의 간절한 꿈을 더해 멋진 성취를 해 냈습니다.

가끔 저는 이런 질문을 받습니다.

"지금 함께하는 사업 파트너들이 모두 사업을 할 거라고 한눈에 알아봤습니까?"

전혀 아닙니다.

저는 나이가 많든 적든, 학벌이 높든 낮든, 가까이 살든 멀리 살든, 잘 알든 잘 모르든, 여유가 있는 사람이든 아니든 늘 똑같이 후원했을 뿐입니다. 누군가는 리더감을 찾는다고 하지만 10년 넘게 이 사업을 해도 제게는 리더감을 알아보는 눈이 없습니다. 그래서 모두 리더가 될 수 있다고 믿고 후원을 합니다.

우리 일은 사랑하는 사람을 후원하는 일인 것처럼 보입니다. 정말 그렇게 보일 수도 있습니다. 그러나 진짜 진실은 후원하다 보면 사랑하게 된다는 것입니다. 파트너와 이 사업에 함께 빠져드는 사랑의 삼각관계만큼 큰 행복은 없지요.

오늘 조금 긴장한 자세로 누군가를 만나보세요.

오늘 여러분의 초대를 대수롭지 않게 여기던 그녀가 몇 년 후 엄청난 성공자가 되어 많은 사람 앞에서 강의를 하는 기적이 생길 겁니다. 우리는 그런 분을 위한 기적과 축복의 통로가 되어야 합니다. 그러한 기쁨과 삶의 의미는 우리의 삶 전체에 행복을 느끼게 해줍니다.

상상하세요. 오늘 또 상상의 맵을 그리세요.

저는 상상화가 정물화로 바뀌는 장면을 아주 많이 보아왔습니다. 바로 이 글을 읽고 있는 여러분이 그 증거가 아닐까요? 여러분도 멘토들의 상상화에서 튀어나온 사람입니다. 자주 상상하면 상상화는 결국 정물화가 됩니다.

과거를 질서정연하게 볼 수 있는 유일한 시점은 현재입니다. 같은 맥락에서 지금 시점으로는 현재를 결코 정리할 수 없습니다. 시간이 흘러 미래가 되어야 오늘을 질서정연하게 볼 수 있습니다. 그때 우리는 깨닫지요.

"아! 그러려고 그랬구나."

이 사업을 하는 우리에게 "내일 미팅 들어볼래?"만큼 아름다운 말은 없다고 생각합니다.

기회를 간직하는 리더가 아니라 기회를 전달하는 리더가 되어 봅시다.

자, 전화를 시작해 볼까요?

10. 우리는 어떻게 되어가는 중일까?

우리가 네트워크 마케팅을 한다고 하면 누군가는 왜 그런 걸 하느냐고 묻습니다. 그분은 제 일을 하찮고 시답잖게 여기는 모양입니다. 재밌는 건 왜 이 사업을 별로라고 생각하느냐고 물어보면 특별한 팩트나 근거를 제시하지 못한다는 점입니다. 그저 두루뭉술하게 얼버무리고 말지요.

"남들이 그러니까."

지금은 차도 빌려 타고 정수기도 빌려 쓰는 시대다 보니 세상을 바라보는 시선도 빌려 쓰는 사람도 많은 것 같습니다. 어쩌면 그들은 우리가 하는 제품설명, 사업설명, 제품시연, 제품전달 등을 보면서 우리 일을 정의하는 것인지도 모릅니다. 그렇게 외면만 보면 우리 사업이 멋지지 않은 일로 보일 수도 있습니다.

남들 앞에서 제품을 실험하고, 자료를 꺼내 별로 듣고 싶어 하지 않는 것 같은 사업설명을 하고, 또 한 번 가보자고 초대도 하니 누군가의 눈에는 좋아 보이지 않을 수도 있지요.

하지만 그 보잘것없는 행동들 안에 내재된, 결코 다른 일들로 따라 할 수 없는 큰 차이점이 하나 있습니다. 보이지 않는 가장 큰 차이는 바로 '축적'입니다. 번듯한 다른 일들과 보잘것없어 보이는 우리 일의 가장 큰 차이는 축적이지요.

우리 사업은 쌓입니다. 어떤 형태로든 쌓입니다. 사업자가 쌓이든 소비자가 쌓이든 쌓입니다. 반면 다른 대다수 일은 매일 리셋됩니다. 그래서 늘 처음부터 시작해야 합니다.

저는 15년째 이 사업을 진행하고 있습니다. 되돌아보니 제 인생에서 수입이 가장 적을 때 가장 처절한 사업을 했던 것 같습니다. 인생을 살아가면서 어쩔 수 없이 하게 되는 민망하고 억지스러우며 부끄러운 행동은 그때 거의 다 한 듯합니다.

15년이 지난 지금 저는 그때의 그 행동들이 굉장히 소중하게 느껴집니다. 많은 성공자들은 남들이 보잘것없는 일로 폄하하며 "되겠어?"라는 의구심을 보일 때 묵묵히 행동했습니다. 그리고 그렇게 반복한 행동이 축적되면서 조금씩 무언가가 이뤄지기 시작했습니다.

정말로 중요한 것은 눈에 보이지 않습니다.

3장 뭣 때문에 이러고 있나 싶은 분들을 위한 위로

어느 정도 수입을 달성한 후, 저는 제가 원하던 드림카를 구입했습니다. 지금으로 치면 대단한 차는 아니지만, 그 당시 저에게는 너무나 가슴을 뛰게 하는 차였습니다. 남의 집에서 제품 시연과 비즈니스 설명을 한 다음 그 차를 타고 집으로 돌아가는 것이 무척 좋았지요. 그들이 안타깝게 바라보는 그 행동을 반복해서 그만한 성취를 이뤘다는 걸 보여주며 통쾌감을 느끼기도 했습니다.

우리가 하는 행동이 어디와 이어져 있는지 잘 알아야 합니다. 이 사업은 다른 수단처럼 삶을 '견디는' 도구가 아닙니다. 여기에는 삶을 '바꾼다'는 타이틀이 있습니다. 여러분이 꾸준히 하고 있다면 느끼든 그렇지 않든 여러분의 삶은 서서히 바뀌고 있는 중입니다.

오늘도 삶을 좀 더 바꿉시다.

우리는 인생을 적극적으로 바꾸려는 능동적인 사람들의 모임입니다. 한 번 더 제시해 봅시다.

2007년 만 23세 때 마감을 하러 PC방에 가는 길에 술을 마시고

122 •••

1부 따뜻한 위로

즐거워하던 어느 커플을 만났습니다. 그때 이런 생각이 들었지요.

'쟤들은 무슨 복이 많아서 근무시간만 끝나면 저렇게 자유로울까? 나는 무슨 죄를 지었기에 목표가 있는 일을 하게 되어 쉬어도 쉬는 게 아니고 늘 목표에 시달려야 할까?'

마감 후 PC방에서 나오는 길에 "그 자리에서 그대로" 술을 마시고 있는 그 커플을 보았습니다.

저는 그걸 보고 깨달았습니다. 아무도 시키지 않은 저 스스로 압박 속에서 "성장하는 중"이라는 것을요.

목표는 부담을 주기도 하지만 동시에 성장시켜 주기도 합니다.

4장

스스로가 못나 보이는 분들을 위한 위로

4장 스스로가 못나 보이는 분들을 위한 위로

1. 후회를 최소화하는 방법

늘 뒤돌아보면 '잘됐다'라는 감정보다 후회의 감정이 더 많이 남는 게 인생이지 않나 싶습니다. 그때의 내가 잘못 선택했을 수도 있지만 지금의 내가 더 나아져 후회라도 할 수 있는 눈을 갖게 된 것이 아닐까요? 그게 바로 성장이지요.

하지만 우리는 늘 최선의 선택을 하고 싶어 하지요. 후회가 없을 선택 말입니다.

우리가 의사결정을 해야 할 때는 생각보다 자주 찾아옵니다. 식사 메뉴 선정부터 내가 도전해야 할 대상까지 아주 다양하지요.

그동안 저는 좋은 의사결정을 하는 법을 배워오면서 깨달은 바가 하나 있습니다. 현재 시점에서 볼 때 보통은 더 '어려운' 쪽이 정답이라는 것이었습니다. 지금 어려워 보이는 쪽을 택했을 때 늘 후회가 없었던 기억이 있습니다. 반대로 지금 편한 것을 선택하면 나중에 후회가 밀려들었습니다.

그럼에도 불구하고 후회가 생길 수 있습니다. 그럴 때는 이 방법을 권합니다.

126 •••

1부 따뜻한 위로

"그땐 그게 최선이었다."

이것은 후회를 지워주는 마법의 한마디로 제가 자주 떠올리는 말입니다. 그때의 자신을 너무 미워하지 마세요.

이제라도 더 좋은 선택을 할 수 있는 내가 되었음을 기뻐하도록 애써봅시다.

2. 시선 돌리기

남과 자신을 비교하는 건 자신의 비하인드 장면과 남의 하이라이트 장면을 비교하는 것과 같다고 합니다. 어떤 사람은 나를 친절한 사람으로 또 어떤 사람은 나를 나쁜 사람으로 판단하고 있을 겁니다. 혹은 나를 무례하거나 오지랖이 넓은 사람으로 여기고 있을지도 모릅니다.

그러니 내가 어떤 사람으로 보일지 너무 신경 쓰지 마세요. 어차피 우리가 모든 걸 보여줄 수는 없습니다. 당연히 남들은 우리를 단면이나 한 장면으로 판단할 수밖에 없지요.

아무리 잘나가는 정치인과 연예인에게도 안티는 있습니다. 우리가 추구하는 방향이 스스로 생각하기에 정당하고 괜찮다면 단면만 보는 그들로 인해 영향을 받지 맙시다.

다른 누군가가 아니라 나 자신에게 가장 잘 보이도록 합시다.

나 자신에게 잘 보입시다.

남들이 뭐라 하든 우리는 우리가 왜 이렇게 하고 있는지 정확히 알기만 하면 됩니다.

마음속에 이 한마디를 품고 삽시다.

"몰라서 그래."

아무에게도 미움을 받지 않는 방법은 딱 하나입니다. 바로 아무도 만나지 않고 혼자 조용히 지내면 됩니다. 우리가 움직이고 누군가를 만나는 순간 나와 관련해 즉각 호불호가 생깁니다. 어차피 세상사가 그렇습니다. 그러니 신경 쓰지 맙시다. 헐뜯기로 작정한 사람은 우리가 그 반대로 행동해도 헐뜯기는 마찬가지입니다.

그들을 대하는 현명한 방법은 원래 가던 방향을 지속하는 것 입니다.

3. 나를 믿는 방법

언젠가 한 TV 프로그램에서 신체의 유전적 성질은 후천적으로 변할 수 있다는 어느 의사의 인터뷰를 봤습니다. 그 프로그램의 주제는 부모에게 물려받은 유전자뿐 아니라 우리가 먹는 음식에 따라서도 점점 더 살이 찌는 체질로 변할 수 있다는 것이었습니다.

우리는 정해진 DNA대로 성장합니다. 그런데 육체적 DNA가 자기 세대에 바뀔 수 있다는 것이 증명된 겁니다.

이처럼 육체적 DNA가 바뀔 수 있다면 정신적 DNA도 후천적인 반복 자극으로 바뀌지 않을까요? 그 근간은 스스로에 대한 믿음입니다.

여기서 정신적 DNA가 뜻하는 바를 '나라는 인간을 스스로 생각하는 정도(이미지)'라고 가정해 봅시다. 이것은 나 자신의 잠재력에 대한 믿음을 의미합니다.

자신을 그저 그런 사람이라고 벌써 단정하고 더 이상 가능성을 살피지 않는 것은 지나친 행동입니다. 그러기엔 모의고사조차 없는 한 번의 인생이 너무 아쉽지 않나요?

우리 자신의 이미지를 한번 고쳐봅시다. DNA를 바꿔봅시다.

내가 믿어져야 합니다.

내가 될 것이라는 것을 믿어야 합니다.

내가 될 것 같아야 사람들이 나를 궁금해하며 곁에 모입니다.

내가 나를 믿는 데는 두 가지 방법이 있습니다.

하나는 스스로를 믿는 사람의 강의를 듣는 것입니다. 다른 하나는 자신이 믿어질 만큼 행동하는 겁니다.

일단 믿음이 생겼다면 그 귀한 믿음을 지켜내야 합니다. 스스로를 믿기 위해 더 듣고 더 움직입시다.

움직이다 보면 믿어집니다. '나도 되겠구나'라는 것을요.

4. 긍정 쪽 설득력

〜〜〜〜〜〜〜〜〜〜〜〜〜〜〜〜〜〜〜〜〜〜〜〜〜〜〜〜〜〜

설득은 상대방의 생각과 마음을 움직이는 행위입니다. 그런데 그 누구의 생각보다 먼저 설득해야 하는 건 가장 자주 마주하는 나 자신의 생각입니다. 자신을 긍정적으로 설득하는 힘을 높이는 것은 자기 계발에 매우 중요한 요소 중 하나입니다.

나를 꼬드길 줄 알아야 합니다.

나를 다독일 줄 알아야 합니다.

내 긍정적 필터를 매번 청소할 수 있어야 합니다.

남들이 바라보는 내 이미지가 변화하는 데는 많은 시간이 걸리지만, 내가 나 자신을 바라보는 셀프 이미지는 마음만 바꾸면 당장 달라질 수 있습니다.

그 몇 초 사이에 왠지 내가 좀 더 괜찮은 사람이 된 것 같지 않나요? 사실 그 몇 초 사이에 여러분이 더 멋지게 변한 것이 아닙니다. 원래 괜찮았던 당신을 이제야 알아보는 눈이 생긴 것입니다. 당신은 원래 괜찮은 분이었습니다.

그것은 이 사업을 지속하고 있고 더 성장하기 위해 이 글을 읽고 있는 것만 봐도 알 수 있습니다. 허리를 펴고 조금만 더 크게 소리를 내 뭔가 있는 것처럼 웃어보세요.

긍정을 믿는다는 것은 생각보다 많은 걸 내포하고 있습니다. 이것은 단순히 좋은 것을 믿는 것에 그치지 않습니다. 이는 내 미래를 장밋빛으로 상상하고 계획하며 또한 그렇게 되도록 계속 지향하고 노력하리라는 약속을 포함합니다.

보이지 않는 모든 것을 '긍정'으로 결정할 경우 내 인생 만족도와 행복도는 훨씬 더 높아집니다. 우리는 있는 그대로의 세상이 아니라 내가 인식하는 세상 속에 살고 있기 때문입니다.

수많은 과정과 시련 속에서도 이게 끝이 아니라는 걸 스스로에게 납득시킬 줄 알아야 합니다. 그러면 자신을 향한 긍정의 설득력이 강해집니다. 저는 이 사업을 계속해 나가도록 저 자신을 납득시키기 위해 자주 이렇게 되뇌었습니다.

"이게 끝이 아니다. 이 모든 것은 다 되어가는 과정이다. 나중에 누군가가 들을 내 강의 중 가장 재밌는 구간이 바로 지금이다."

5. 나를 '나'로 보는 용기

가끔은 남이 보기에 '좋은 나'를 찾느라 평생을 허비한다는 느낌이 들지 않나요? 이미 충분히 멋집니다. 이 사업을 하는 사람들 중에 멋지지 않은 사람은 한 분도 없습니다.

이미 남들과 달리 이 사업을 선택한 것만으로도 여러분은 삶을 '견딤'이 아닌 '성장'으로 결정했음을 증명한 셈입니다. 여러분은 이미 남들의 시선보다 자신의 자존감을 더 중요시하는 사람입니다. 또 자신이 무얼 원하는지 다른 사람보다 더 잘 아는 분입니다.

남이 보기에 '좋은 나'가 아닌 내가 보기에 '좋은 나'가 됩시다.

자신에게 물어봅시다.

"나야, 내가 너한테 무얼 해주면 좋겠니?"

"미래의 나야, 내가 지금 무얼 해주면 좋겠니?"

남의 시선에서 벗어나면 본질적인 좋음을 추구할 수 있습니다. 좋아 보이는 것이 아니라 좋은 것을 추구하세요. 그리고 미래의 자신에게 다음과 같이 당당하게 말하세요.

"미래의 나야. 넌 내게 엄청 감사해야 해. 고생은 내가 하고 보상은 네가 받으니 말이야."

2

뜨겁게 위로

...

1장 | 배열과 목록

1장 배워서 위로

1. 배우고 행하고 기다리고

세상에는 중요한 일이 아주 많지만 정신을 가다듬고 스스로를 독려하는 일보다 중요한 건 몇 안 되는 것 같습니다. 그러한 방법 중 하나가 바로 '배움'입니다. 배운다는 건, 그 내용을 얻는 것이기도 하지만, 배우기 위해 온다는 그 자세에서부터 다른 분들과의 차이가 생깁니다.

배우려고 하는 사람은 내 부족함을 인정하고 타인을 대단한 사람으로 바라볼 줄 압니다. 그렇지만 그 차이를 평생 정해진 것으로 인식하는 게 아니라 배움과 노력으로 그 간격을 메울 수 있다고 믿습니다.

배우는 자세에는 이 모든 것이 포함되어 있습니다. 우리는 스스로를 가다듬고 배우고 행하는 것을 반복하면서 점차 나아집니다.

학습에서 '학'은 한자로 '배울 학', 즉 얻는 것을 의미합니다. 그런데 우리는 흔히 '학'에 머물기 십상입니다. 여기서 '습'은 한자로 익힌다는 뜻입니다.

배움으로 끝나는 게 아니라 반복해서 익히는 것이 진짜 학습입니다. 그런 의미에서 체화, 즉 내 것으로 만들어가는 과정을 학습

140 •••   2부 뜨겁게 위로

이라고 해야 하지 않을까요?

씨앗은 땅에 심으면 우리 눈에 보이지 않는 게 정상입니다. 그렇게 보이지 않는다고 없는 것이 아닙니다. 노력도 마찬가지입니다. 대부분의 노력이 바로 결과로 이어지진 않습니다.

이것을 알고 시작하는 것은 매우 중요합니다. 씨앗이 땅속에서 그 나름대로의 속도대로 자라듯, 노력 역시 보이지 않는 곳에서 각자 조금씩 결과를 만들어갑니다.

세상에 헛수고는 없습니다. 다만 노력하는 타이밍과 결과가 나는 타이밍에 시간차가 존재할 뿐이지요.

농부는 한 알의 씨앗을 심고 왜 싹이 나지 않는지 닦달하지 않습니다. 그저 언젠가 싹이 나올 것을 기대하며 쉼 없이 심는 데 집중합니다. 걱정하고 기대할 때와 배우고 움직일 때를 구별할 줄 알면 남들이 걱정하고 있을 때 우리는 수확하고 있을 것입니다.

오늘도 좋은 일이 여러분들과 함께하길 바랍니다. 목표가 있으면 기적이 일어난다는 것은, 우연히 사업 파트너가 생기거나 매출

1장 배워서 위로

을 얻는 걸 뜻하기도 하지만 대개는 그 목표만큼의 일감이 생기는
것을 말합니다. 나아가 그 일감을 볼 수 있는 안목이 생기는 것이
목표가 있을 때 생기는 기적입니다.

이걸 알고 오늘 하루를 시작합시다.

목표와 목적이 이끄는 하루를 보내길 빕니다.

오늘도 배우고 달립시다!!

2. 상담할 때 'yes'라고 하면 좋은 이유

이 사업을 하다 보면 상담을 자주 하게 됩니다. 그만큼 나눠야 할 것도 많고 지혜를 얻어야 할 순간도 많기 때문입니다. 다행히 우리는 이 사업을 먼저 해본 멘토에게 비즈니스에 대한 안내를 받을 수 있습니다.

하지만 사람에게 보이는 경외심은 잦은 만남 속에 무뎌지게 마련입니다. 이를 경고하듯 "영웅을 영웅으로 여기지 않는 사람은 필히 그 영웅 가까이에 있는 사람일 것이다"라는 말도 있습니다. 그러다 보니 처음에 신선했던 상담도 점차 비슷한 이야기처럼 들리기도 합니다. 저도 늘 그러지 않으려고 경계하지만 어느 순간 문득 스폰서의 제시에 또 다른 의견을 내는 저를 발견하곤 합니다.

'yes'와 성장 속도는 비례한다는 말이 있습니다. 곰곰이 생각해 보면 이것은 참 무서운 이야기입니다. 한 번 'no'라고 하는 것은 대수롭지 않은 일입니다. 그럴 수 있지요. 하지만 반복되는 상담 속에 'no'가 축적되면 멘토도 사람이기에 저와의 관계를 생각해 이제는 잘되는 방법이 아니라, '받아들여질 만한 방법'을 제시하기 시작합니다. 그 순간 이 사업은 장기전으로 돌입하고 맙니다.

••• 143

1장 배워서 위로

우리의 성공을 위한 상담이 아니라, 우리의 기분을 위한 상담이
시작됩니다.

지난번에 해본 것을 제시할 수도 있습니다.
이때 "해봤는데요"라는 말 대신 '그도 상황이 변했을 테고 저도
성장했으니 이제 다시 해보면 다른 결과가 날 수도 있겠군요'라는
생각으로 한 번 더 해보면 어떨까요?
우리가 잘 못하는 것을 제시할 수도 있습니다.
이 땐 "저는 원래 그런 거 잘 못해요"라는 말 대신 "이걸 기회로
제 실력이 늘겠군요. 이것과 관련해 소비자가 생길 수도 있겠군
요"라는 생각으로 시작해 보는 것이 어떨까요?
상담을 해주는 사람은 같은 말을 해도 상담을 받는 사람의 자세
가 다르면 결과가 달라집니다. 똑같은 상담에 다른 반응을 보이면
다른 결과가 나올 수 있습니다.
지금은 아니지만 내 앞에 있는 멘토가 10년 후 한국 최고의 사
업가가 된다고 생각해 보세요. 오늘의 상담이 얼마나 귀할까요.

144 •••   2부 뜨겁게 위로

멘토가 자신의 목표를 위해 파트너를 돕는 것일까요, 아니면 파트너를 돕다 보니 멘토의 목표가 이뤄지는 것일까요? 이건 닭이 먼저인지, 달걀이 먼저인지 따져보는 것과 같습니다. 저는 잘 모르겠습니다. 아무튼 닭이 달걀을 가장 큰 사랑으로 품는다는 것만은 확실합니다.

1장 배워서 위로

3. 나와 만나기

여러분은 자신의 생각을 잘 알고 있나요?

자신이 무얼 하려고 하는지 생각하면서 살아가고 있나요?

자신이 왜 이러는지 알고 행동하나요?

잘 생각해 보면 우리는 자신과 대화하는 시간이 극도로 부족합니다. 가장 가까운 존재이면서, 보살피고 내면을 알아보는 일은 가장 등한시하는 것이지요. 그 탓에 사회나 정치 문제에는 빠삭해지면서 갈수록 자기 자신은 더욱더 모르는 상태에 놓이고 맙니다.

이럴 때 다시금 나를 찾게 도와주는 것이 바로 '책'입니다. 책은 나를 만나게 해줄 뿐 아니라 배움의 양식도 제공합니다.

내가 하는 생각이 곧 '나'입니다. 그러니 그 생각을 알아볼 필요가 있습니다. 내 생각을 알려면 핫도그 튀김에 설탕을 바르듯 책 위에 내 생각을 꺼내 굴려봐야 합니다.

오늘, 책을 통해 내면에 숨어 있는 나와 만나봅시다.

146 •••   2부 뜨겁게 위로

4. 취미와 일 사이

'미팅으로 시작해 미팅으로 끝나는 사업'

저는 그 어떤 요소보다 미팅을 중요하게 생각합니다. 미팅으로 먼저 우리의 생각이 바뀌었고, 앞으로 생길 파트너들도 미팅에서 생각이 바뀔 것입니다. 지인들이 가끔 제게 묻습니다.

"사업에서 성공하기 위해 가장 중요한 것이 무엇인가?"

제가 "미팅에 꼬박꼬박 참석해서 열심히 들은 게 성공의 중요한 요소"라고 말하면 다들 대단하다고 입을 모읍니다. 그러면 저는 지인들에게 이렇게 말합니다.

"내가 볼 때는 일주일에 6일을 하루도 빠지지 않고 출근해서 10시간씩 일하는 당신이 더 대단하다."

그럼, 그들은 이렇게 말하곤 합니다.

"그거랑 그거는 다르지."

한 강의에서 이런 이야기를 들었습니다.

그가 이 사업을 전업으로 하기 시작했을 때 친구가 주말에 낚시하러 가자고 연락을 했답니다. 그때 미팅과 시간이 겹쳐서 갈 수 없다고 하자 친구는 벌컥 화를 내며 전화를 끊어버렸다고 합니다.

"너는 친구가 중요하니, 그 일이 중요하니?"

세월이 흘러 이 사업으로 자유를 찾은 그분이 평일에 그 친구에게 전화를 걸어 낚시하러 가자고 하니 이렇게 말하더랍니다.

"직장 근무시간인데 어떻게 낚시를 하러 가."

그때 그분이 통쾌하게 한마디를 날렸지요.

"너는 친구가 중요하니, 직장이 중요하니?"

그렇습니다. 우리 지인들은 자신의 직장은 일로 보고 이 사업은 번외 편이나 취미 정도로 봅니다. 하지만 이 사업을 취미 정도로 여기면 사업에 속도가 나지 않습니다. 일로 생각하고 진행해야 훨씬 더 빠른 속도가 납니다.

이 사업이 여러분의 삶에 일로 자리를 잡는 순간부터 진정한 성장이 이뤄질 것입니다. 그 일은 세 개의 미팅에서 지속적으로 배우며 시작됩니다. 내 아이가 화장품을 온 방에 다 부어놓아도 "매출을 올렸다!"라고 칭찬할 수 있는 이유는 우리 사업이 소비 사업이기도 하지만 미팅장에서 계속 부어주는 무한한 긍정 때문이지 않을까요?

긍정적 시선이 우리가 받는 가장 큰 선물입니다.

5. 고치러 갑시다

제가 처음 사업을 시작할 무렵에는 남성 솔로 사업자가 해낸 사례를 찾아보기가 어려웠습니다. 그 사실은 제게 늘 불안감을 안겨 주었습니다. 주부들만 해낼 수 있는 건 아닌지, 결혼해서 하는 것이 더 나은 건 아닌지 이런저런 생각이 저를 휘감았지요. 여러분에게도 각자 불안감 요소가 존재할 거라고 생각합니다.

다행히 저는 오히려 불안감 때문에 쉬지 못했습니다. 선배 사업가들은 언제나 제게 말씀하셨죠.
"잘 안 될 것 같다는 느낌이 들수록 더 열심히 만나세요. 잘 되지 않을 때 더 애써보세요. 그러면 알아서 잘 될 때가 옵니다."
저는 이 말을 정말 믿고 싶었습니다.

저처럼 좋은 말이 쏟아지는 환경에 앉아 계세요. 그러면 삶의 자세가 자연스럽게 고쳐집니다. 그렇게 고쳐진 삶의 자세는 내 인생을 고칩니다.

1장 배워서 위로

6. 지속의 비결

유년 시절을 보낼 때 저에게 가장 큰 문제는 지속성이 부족하다는 점이었습니다. 태권도, 피아노, 웅변 할 것 없이 어떤 것이든 처음에는 어떻게 하면 좀 더 잘할 수 있을지 고민하며 집중합니다. 더 잘하려고 이런저런 방법도 생각해 보고 그 일을 자주 떠올립니다.

그렇지만 몇 개월이 지나면 잘하려는 노력은커녕 그것을 아예 생각조차 하지 않거나 다른 새로운 일에 관심을 보이는 저를 발견합니다.

그런데 희한하게도 어느새 제가 이 사업을 시작한 지 15년이 되었습니다. 지금 저를 만나는 사람들은 대부분 제게 끈기가 있다고 말합니다. 저는 분명 태권도와 피아노를 금세 포기해 버린 그때의 저와 같은데, 이 사업에서는 어느새 15년을 몰두하고 있습니다. 그게 신기해서 저는 어떻게 그럴 수 있는지 생각해 봤습니다.

그 답은 상호유기에 있다고 봅니다. 열정과 지식, 의지를 다른 분들과 연속해서 주고받은 것이 제가 지금까지 이 사업을 지속해 온 비결이라고 생각합니다. 다른 이웃 사업가들, 즉 멘토, 동료, 파트너들이 있었기에 제가 지금껏 해올 수 있었던 것입니다.

2부 뜨겁게 위로

이 사업을 저처럼 길게 하지 못하는 분도 있습니다. 그들 중에는 저보다 더 열심히 일한 분도 있을 겁니다. 결코 제가 그들보다 더 잘나서 계속하고 있는 게 아닙니다.

그나마 제가 다른 분들에 비해 잘한 것을 찾아보라고 한다면 더 자주 좋은 환경(미팅) 안에 있었다는 겁니다. 저는 일주일에 4~5번 나약한 저를 그 환경 안으로 밀어 넣었습니다. 그것이 15년 동안 꾸준히 쉬지 않고 할 수 있었던 비결입니다.

저는 종종 미팅을 헬스클럽에 비유합니다.

집에 있는 러닝머신은 시간이 지나면서 점차 옷걸이 역할을 하지만 헬스장에 있는 러닝머신에는 아무도 옷을 걸지 않습니다. 저는 집에서는 어떤 기구가 있어도 선뜻 운동을 하지 않지만 헬스장에 가면 뭐라도 하나 하고 옵니다. 바로 이것이 같은 방향의 욕구가 있는 사람들이 모인 '장소의 힘'입니다.

살다 보면 몸짱이 되고 싶은 욕구가 꽤 자주 생깁니다. 길을 가다가 탄탄한 몸매를 드러낸 사진을 보거나, 수영장 혹은 목욕탕에

1장 배워서 위로

가거나, 어느 날 옷이 잘 맞지 않으면 더욱더 몸짱이 되고 싶은 욕
구가 일어납니다.

문제는 그 욕구를 지속시키지 못한다는 데 있습니다. 욕구는 시
작보다 '지속'이 중요합니다. 지속해야 결국 우리가 원하는 곳으로
갈 수 있습니다. 욕구 지속은 우리가 무언가를 계속하게 만들지요.

한마디로 우리는 꾸준히 원하는 방법을 배워야 합니다. 그렇지
않으면 우리는 평생 조금 해보다가 잘되지 않으면 다른 것을 모색
하는 인생의 방랑자가 되고 맙니다.

어떤 일을 하든 우리 마음대로 되지 않는 구간은 늘 출현합니다.
이때 지속적인 욕구를 유지할 경우 그 구간을 잘 넘어갈 수 있습
니다.

욕구가 생기는 것은 우연한 경험으로도 가능합니다. 그러나 욕
구를 지속하는 것은 같은 방향으로 함께 나아가는 동료들이 있어
야 가능한 일입니다. 쉽게 말해 제가 몸짱이 아닌 것은 자주 만나
는 주위 사람들 중 그 방향으로 나아가는 사람이 많지 않다는 걸
뜻합니다.

152 •••   2부 뜨겁게 위로

만약 제가 매일 만나는 친구들이 모두 몸짱이라면 어떨까요? 다들 운동이나 보충제 이야기만 한다면 오히려 제가 운동하지 않고 버티는 게 더 힘들지 않을까요?

이 사업에서는 이런 동료들이 정해진 시간에 정해진 장소에서 모입니다. 그리고 그들에게는 더 나은 삶이라는 공통의 방향성이 있습니다. 그런 이유로 미팅 안에 있으면 결국 성장한다는 말이 나오는 것입니다. 이런 명언이 있습니다.

"성공의 8할은 출석이다."

시작할 때의 집중보다 훨씬 더 중요한 것은 '3년 후에도 계속하고 있는가'입니다.

우리 사업의 모든 일은 미팅에서 일어납니다. 우리와 파트너의 결단도, 자기반성도, 더 잘해야겠다는 마음도 모두 미팅에서 생깁니다.

오늘도 우리가 원하는 것의 한 부분을 만들어줄 하루를 알차게 살아갑시다.

7. 배우는 사람의 가능성

우리 사업에서 학습이란 단순한 지식 습득을 의미하지 않습니다. 학습은 배운다는 그 자체의 의미로도 훌륭하지만 진짜 학습의 의미는 '변화'가 아닐까요?

아이들은 학교에 가서 무언가를 배웁니다. 그러면 아이는 셈을 하지 못하던 아이에서 셈을 할 줄 아는 아이로, 영어를 모르던 아이에서 영어를 조금씩 하는 아이로 변화합니다. 지금까지 없던 새로운 능력이 생기기 시작하는 겁니다.

그러면서 그 아이에게 새로운 가능성이 생기고 할 수 없는 일보다 할 수 있는 일이 점차 늘어납니다. 저는 특히 이 사업 안에서의 교육과 학습의 본질은 변화라고 생각합니다. 할 수 없는 나에서 '해볼까 하는 나'로, 부정적인 나에서 '긍정적인 나'로, 불평하던 나에서 '감사하는 나'로 단순히 지식을 바탕으로 한 인간의 가능성 확장이 아니라 본질적 변화에 기반한 가능성 생산이 이뤄지니까요.

내 인생의 가능성을 내가 만들어가도록 도와주는 교육, 내 스스로 일어나도록 마음을 가르쳐주는 교육, 내 삶을 다른 사람이 아닌 내가 스스로 그려갈 힘을 주는 교육이 필요합니다.

이 위대한 변화를 통한 성공은 두려울 것이 없습니다. 우연에 의한 성공이 아니라 스스로 변화를 일으켜 직접 만들어가는 성공이라 모든 것이 평온합니다.

어제의 나보다 오늘의 내가 더 나아질 수 있는 것은 훌륭한 교육 속에서 조금씩 변화하기 때문입니다. 그래서 이 사업의 교육을 '내 인생 경영 CEO 교육'이라고 하는 모양입니다.

오늘도 배워서 나아집시다.

더 나은 사람 곁에 더 좋은 사람이 모이고, 더 좋은 사람들이 모여 더 멋진 사업이 만들어집니다.

1장 배워서 위로

8. 책 읽어야지요

～～～～～～～～～～～～～～～～～～～～～～～～

언젠가 제가 친구들 모임에 책을 한 권 가져간 적이 있습니다. 자기계발서였는데 제목은 정확히 기억나지 않습니다. 그런데 그 때 한 친구가 제게 핀잔을 주었습니다.

"아직도 이런 자기계발서를 보고 있냐? 예전에도 늘 이런 책만 보더니 지금도 그러네."

그 친구는 한술 더 떠서 저를 놀려댔습니다.

"그 책에 무슨 내용이 적혀 있는지 맞혀볼까? 꿈을 가져라, 목표를 세워라, 습관을 바꿔라, 자신감 있게 하라, 뭐 이런 내용이 있지?"

참나, 열 받게도 친구가 읊어댄 내용은 그 책에 다 들어 있었습니다. 요즘은 자기계발서에 삐져버린 세상이라 우리처럼 꾸준하게 그런 책을 읽는 집단이 드물기는 하지요. 심지어 그런 책을 읽는 우리는 트렌드에서 벗어난 듯한 촌스러움마저 느껴집니다.

대다수 자기계발서에는 그 친구가 말한 빤한 내용이 죄다 적혀 있고 우리는 그런 책들을 읽고 또 읽습니다. 이 세상에 자기계발서는 평생에 걸쳐 읽어도 다 못 읽을 만큼 많이 존재합니다. 여러

156 •••

2부 뜨겁게 위로

분이 소장한 자기계발서만 해도 한 수레는 될 겁니다.

그럼 곰곰이 생각해 봅시다. 대부분의 자기계발서에서 말하는 '그런 사람'도 그 책만큼 많던가요? 꿈과 목표가 있고 성공 습관을 들이며 늘 자신감 있게 행동하는 사람을 자주 볼 수 있나요? 그런 책은 많지만 그것을 행동으로 옮기는 사람은 흔치 않습니다.

저 역시 그런 사람이 아닙니다. 저도 때때로 좌절하고 슬퍼하고 일희일비합니다. 하지만 적어도 저는 그러한 책을 접하지 않은 15년 전보다 지금 '그런 사람'에 조금은 더 가까워졌습니다.

우리에게 책의 기능은 그런 것이 아닐까요? 더 많은 지식을 습득하는 것도 중요하지만 내가 그리던 사람과 조금씩 가까워지는 것 말입니다. 그 기준을 좀 더 자주 확인하는 것이지요.

오늘도 저는 책 한 장의 두께만큼 그런 사람과 더 가까워지기 위해 두꺼운 책 표지를 다시 열어봅니다.

9. 해상도 올리기

제가 볼 때 배움을 가장 잘 표현한 정의는 바로 이것입니다.

'세상을 보는 해상도를 올리는 작업'

낮은 화질의 세상이 고화질이 된다는 것은 시력이 좋아지는 게 아니라 알아보는 것이 많아진다는 의미입니다.

외국어도 모를 때는 낙서 같지만 알고 나면 메시지가 되고, 예술도 모를 때는 아무것도 아닌 듯하지만 알고 나면 모든 작품이 의미심장해집니다.

마찬가지로 생필품 분별력 해상도도 함께 올려봅시다. 외국어도 좋고 예술도 좋지만 생필품이야 말로 우리 삶에서 가장 오래, 자주 보는 것들이니 잘 고르는 방법을 배우는 것이 좋지 않을까요? 그리고 내 삶을 해석하는 능력을 올리는 시간 역시 가치 있는 시간이 아닐까요?

우리가 우리 커피만 먹는 것, 우리 물만 싸갖고 다니는 것, 호텔에서 주는 그 좋은 세안 제품을 본 척도 하지 않는 것은 단지 점수 때문만은 아닙니다. 앎으로 인해 상위 선택 군을 지속적으로 선택

해나갈 뿐이지요. 남들에게는 독종처럼 보일지 모르지만 우리는 그저 우리 지성의 지조를 지키는 것뿐입니다.

2장 | 철학 하기

2장 적어서 위로

1. 감정 접고 손가락 펴고

어릴 때 우리는 손가락을 접어가며 숫자 세기를 배웁니다. 그때는 단순히 과일이나 과자 수를 세었지만 이제는 그 숫자 세기가 우리 인생을 바꿀 수도 있습니다.

우리가 가장 민감하게 확인하는 숫자는 바로 신용카드 사용액입니다. 매달 신용카드 사용액이 나오면 많은 사람이 헉! 하면서 이렇게 외칩니다.

"내가 언제 이렇게 많이 썼지?"

늘 내 월급은 세상에서 제일 적게 느껴지고 그마저도 통장에 찍히기가 무섭게 바람처럼 획 지나가버립니다. 그래서 달마다 충격을 받는 사람들이 많습니다.

반면 매일 가계부를 쓰는 사람은 월말에 카드 사용내역을 보고 충격을 받지 않습니다. 내가 무얼 하느라 얼마를 썼는지 이미 어느 정도 정리해 둔 상태니까요. 이와 달리 아무 생각 없이 카드를 썼다가 월 말에 청구서를 받으면 대혼란에 빠집니다.

"난 쓴 게 없는데 왜 이렇게 많이 나왔지?"

곧이어 억울함과 세상을 향한 원망이 엄습합니다.

162 •••   2부 뜨겁게 위로

매일 스스로를 점검하는 것은 자신을 객관적으로 바라볼 수 있는 시각을 선사합니다. 그리고 그렇게 매일 자신을 바라보는 과정은 감각을 높여주기도 합니다.

가령 당뇨환자에게 어떤 약보다 더 효과적인 것은 매일 당뇨 수치를 측정하는 일이라고 합니다. 감에 의존해 "오늘은 많이 먹지 않았으니 이 정도는 괜찮겠지" 하는 모호한 동의가 거듭되면 위험한 상태에 놓일 수도 있습니다. 그와 반대로 늘 수치를 재면서 상한선을 넘지 않으려고 노력하는 사람은 건강한 상태를 이어갑니다.

이 사업도 마찬가지입니다. 자기 나름대로 아무리 열심히 했다고 생각해도 주관적인 '열심'에 보상해 주는 사업은 세상 어디에도 없습니다. 주관적 열심을 느끼기보다 객관적 횟수를 세어보면 우리를 더 잘 알 수 있고 좀 더 생산적으로 변화하게 됩니다.

좀 아플지도 모르지만 이 말을 나누고 싶습니다.

"감정은 휘발되고 횟수는 누적된다."

내일이면 없어질 감정에 최선을 다하기보다, 내 인생을 영원히

2장 적어서 위로

지탱해 줄 업적에 최선을 다해봅시다.

　다행스러운 건 하고 싶을 때 한 번 하는 것도 한 번이지만, 하기 싫을 때 한 번 하는 것도 한 번이라는 겁니다. 즉, 내 마음만 잘 지키면 이 사업은 꾸준히 성장합니다. 마음을 지킬 수 있는 환경 속에서 하나씩 세어봅시다.

2. 몇 년 차인지 계산하는 법

일을 하는 것과 해내는 것은 다릅니다. 심적 열심과 객관화한 열심도 다릅니다. 이 사업을 조금 해보고 그만둔 많은 분들이 자기 나름대로 열심히 해봤는데 안 되더라고 말합니다. 그런데 성공한 사람들은 모두 따라만 하면 된다며 자신이 한 것에 비해 너무 큰 결과를 얻었다고 이야기합니다.

대체 무슨 차이일까요?

미팅에 한 번 나가고 자기 나름대로 열심히 한다고 생각할 수 있고, 카탈로그를 하나 갖다 주고 열심히 한다고 여길 수도 있습니다.

가장 큰 차이점은 '성공하려면 이 정도는 해야지'라는 기준이 아닐까요?

이 사업은 열심히 하는 일이 아니라 매일 해야 하는 기준을 채우면 되는 일입니다. 그리고 그 기준을 성실히 채운 성공한 사람들은 하나같이 자신이 한 것보다 큰 보상을 받았다고 이야기합니다.

이 사업을 한 기간은 매일 해야 하는 그 기준을 채운 날과 채우지 않은 날로 나뉩니다. 그 기준을 채우지 않은 날을 이 사업을 한 날로 치지 않으면 어떻게 될까요? 그렇게 계산할 때 우리는 지금 몇 년 차일까요? 저는 이제 겨우 2~3년 차일 겁니다.

그 기준을 매일 2~5년 채우면 누구나 성공하게 된다고 합니다. 그 기준을 채우면서 시간을 후회 없이 보냅시다. 이 사업을 통해서 원하는 삶이 있다면 그 기준안에서 스트레스를 받으세요. 그것이 우리를 원하는 삶으로 데려다줄 겁니다.

2~5년 집중!

3. 기록하는 것과 투두 리스트

일의 시작은 대부분 생각과 아이디어지요. 상황이 알아서 변화해 일이 진행되는 게 아니라 내가 계획하고 궁리해서 만들어가는 겁니다. 우리 사업은 더욱더 그렇습니다.

특히 우리 사업은 '시간'이라는 자본을 어떻게 쓰는가에 성공이 달려 있습니다. 사업에 예산과 투자계획서가 있듯 우리의 시간에도 계획서가 필요합니다. 가치가 같은 자본이기 때문입니다.

우리는 주어진 삶을 받아들이는 게 아니라 하루하루를 지어가는 사람들입니다. 오늘도 어떻게 삶을 지을지 미리 적고 시작해 봅시다! 그리 거창할 필요는 없습니다. 시작이 거창해서 좋을 건 별로 없지요.

점점 좋아지는 것이 훨씬 더 기분 좋은 일입니다. 작은 할 일부터 일단 적어보십시오. 적는 것이 중요합니다. 먼저 내일 할 일 10가지를 적고 잠자리에 드는 것부터 시작해 볼까요?

시작이 천재성입니다.

오늘은 어제 세워놓은 상상과 계획이 시간과 합쳐져 현실이 되는 날입니다. 저는 해야 할 일, 즉 투두(to do) 리스트가 여러분들의 삶을 안내할 때까지 계속 투두 리스트를 강조하고 싶습니다.

참고로 투두 리스트는 쭉 찢은 종이에 볼펜으로 적고 계속 추가하는 것이 좋습니다. 이것을 상의 왼쪽 주머니에 볼펜과 함께 찔러 넣으세요. 한 일을 중간중간 체크하면서 하루에도 수십 번씩 펼쳐 보면 엄청난 힘을 발휘합니다.

어쩌면 하루 만에 종이가 약간 닳는 느낌이 들지도 모릅니다. 더불어 저녁에 무한한 성취감으로 하루를 마감할 수 있을 겁니다.

4. 써봅시다

고민거리와 미뤄놓은 할 일들을 종이 위에 적으면 머리가 그렇게 가벼울 수 없습니다. 자신이 어디로 가고 있는지 모르면 결국 원치 않는 곳에 도달하고 맙니다. 마찬가지로 내가 내일 어디에 시간을 쓸지 정해놓지 않을 경우 "결국 원치 않는 곳"에 시간을 쓰게 될 것입니다.

어제도 누군가의 시간은 흘렀고 또 누군가의 시간은 쓰였습니다. 그 차이는 오늘 내가 무얼 위해, 무얼 해야 할지 뚜렷이 아는 것에서 시작됩니다.

일일이 적는 것이 쉽지는 않지요? 쉬워서 해보자는 게 아닙니다. 하고 나면 분명 얻는 게 있으니 하자는 것이지요. 그만한 가치가 있으니 억지로라도 꾸준히 해보자는 겁니다.

의사결정이 난이도 중심이면 평생 쉬운 것만 찾아다니게 됩니다. 이 경우 삶은 늘 제자리입니다. 세상에 쉬우면서 가치 있는 것은 없습니다.

인생을 바꾸는 건 쉬운 받아쓰기가 아니라 어려운 수능입니다.

의사결정이 가치 중심으로 바뀌면 삶은 성장하고 뭔가를 남기

2장 적어서 위로

게 됩니다.

가치가 있다면 따라서 해봅시다. 오늘 여러분의 인생 중 가장 중요한 하루의 플랜이 여러분을 기다립니다.

이 일을 하려고 하니 자신감이 사라지나요? 그럼 혹시나 해서 그만두면 자신감이 생깁니까? 그렇지 않을 겁니다. 사실 자신감은 원래 없었습니다. 자신감은 처음부터 갖고 시작하는 게 아니라 진행하면서 점차 얻어가는 것입니다. 그래서 끝까지 남는 사람들에게 주어지는 최고의 선물은 바로 인생을 대하는 '자신감'입니다.

5. 대단해지는 습관

매일 행동기준을 세우고, 또 그것을 체크하는 것이 우리의 성장에 어떤 영향을 미칠까요?

한 번의 사업설명, 한 번의 결단도 굉장히 중요하지만 사실 우리를 결국 자유로 이끌어주는 것은 '습관'입니다. 습관이 들 때까지 지겹도록 끊임없이 반복해 봅시다.

그러한 행동으로 얻는 모든 것을 우리는 '능력' 혹은 '재능'이라고 부릅니다. 어쩌면 그걸 나와 다른 세계의 일이나 남의 일로 여기는 사람이 있을지도 모릅니다.

박지성 선수가 어릴 때부터 끊임없이 했던 것 중 하나는 '연습'입니다. 축구선수에게 이는 당연한 일일 수도 있습니다. 하지만 그는 다른 선수들과 달리 매일 스스로를 돌아보며 일기를 썼습니다.

일기에 부족한 부분이나 고민을 적고 스스로 해결책을 생각하면서 밤마다 조금씩 나아지는 쪽을 선택한 것입니다. 매일매일 스스로를 돌아보며 보완하는 사람이 어떻게 대단해지지 않을 수 있겠습니까.

우리가 성공하는 데 도움을 주는 습관을 들입시다. 무엇이든 습관을 들이면 자연스럽게 그걸 하게 됩니다. 하지 않으면 찜찜함이 남으니까요.

억지가 자연스러움으로 바뀌는 것이 곧 성공 과정입니다. 처음에는 억지스러울 수밖에 없습니다. 안타깝지만 우리 같은 평범한 사람에게는 대체로 성공 습관이 존재하지 않습니다. 그러므로 함께 습관을 가꿔가려 노력해야 합니다. 다행히 우리는 노력으로 원하는 습관을 들일 수 있습니다.

억지로라도 시작해 봅시다. '하던 대로 했는데 되어버린 일'에는 보통 큰 가치가 없습니다. 가치 있는 것은 대부분 변화와 함께 얻어집니다.

삶을 더 풍요롭고 여유 있게 만드는 습관이 '기록'이라면 지금 우리에게 가장 필요한 변화도 그것입니다. 그리고 여러분은 그런 습관을 들이려 노력하는 사람들의 모임인 미팅에서 더 크게 성장할 겁니다.

강한 에너지가 모이는 그곳에서 더욱더 성장하는 우리가 됩시다.

6. 목표 자르기와 수치화

사람은 일을 너무 큰 덩어리로 생각하면 엄두를 내지 못합니다. 가령 집을 짓겠다고 나서면 숨이 턱 막힙니다. 그럼 벽이라도 세워보자고 하면 그것도 쉽지 않아 보입니다. 반면 벽돌을 몇 개 쌓아보자고 하면 그건 가능합니다.

그렇게 벽돌을 몇 개 쌓다 보면 벽이 하나씩 만들어지고 점차 집이 완성됩니다.

목표는 세분화해서 작게 잘라야 합니다. 그것을 얼마나 잘 자르느냐가 목표 설정에서 큰 부분을 차지합니다.

1,000만원 매출이 언뜻 커 보이지만 120만 매출 6~7개 진행하면 거의 1,000만 매출에 이릅니다. 그리고 120만 매출은 60만 하나에 20만 매출 2개면 거의 완성됩니다. 그럼 내년 목표를 위해 오늘 내가 할 수 있는 것들이 보이기 시작합니다.

목표를 갖는 순간 이미 일이 되어가기 시작하지요.

어제 한 성공자께서 자신의 노하우를 잘 펼쳐 보여주었습니다. 이 사업의 노하우란, 보다 쉬운 방법이 아니라 '무엇을 열심히 하면 되는지'를 말합니다.

그분이 가장 강조한 것은 '수치화'입니다. 사실 수치화는 쉽지 않은 일이지만 그만큼 많은 것을 가져다줍니다.

우리는 무얼 수치화하고 있습니까?

결과적 수치에는 신규 회원 창출, 매출 창출 같은 게 있습니다.

과정적 수치에는 사업설명 횟수, 만남 횟수 등이 있습니다.

우리는 결과적 수치 목표를 정한 뒤 상담을 거쳐 필요한 과정적 수치를 정해야 합니다. 여러분 인생을 가장 크게 바꿀 숫자는 무엇입니까?

수치스러운 수치는 이제 그만.

오늘부터 숫자를 세어볼까요!

3장

좋은 선택으로 위로

3장 좋은 선택으로 위로

1. 편리보다 유리

이 사업은 노력보다 좋은 선택의 연속으로 성공하는 일인 것 같습니다.

미팅에 참석할지 참석하지 않을지, 배운 것을 해볼 것인지 말 것인지, 누군가에게 연락할지 말지 같은 의사 갈등 상황에서 좋은 선택을 이어가는 것이 바로 지혜입니다. 이때 가장 중요한 것은 목적과 목표 의식입니다. 그것이 뚜렷할 때 우리는 보다 명료한 선택을 할 수 있습니다.

등산에 유리한 복장과 수영에 유리한 복장은 다릅니다.

이런 외면적인 것부터 편한 복장보다 유리한 복장으로, 편한 화장보다 유리한 화장으로, 편한 헤어보다 유리한 헤어를 선택해 보세요.

내면도 마찬가지입니다. 부정적인 생각보다 내 성공에 유리한 긍정으로, 그냥 하면 되겠지 하는 생각보다 한 번 더 배우겠다는 생각으로, 수동적인 자세보다 적극적인 자세로, 소비자나 내 지인의 변화를 기다리기보다 내가 먼저 그들에게 무언가를 시도해 보는 방향으로, 일이 생기면 가는 게 아니라 먼저 가서 일을 만드는

178 •••   2부 뜨겁게 위로

쪽을 선택하는 겁니다.

이처럼 내면적인 결정까지 편한 쪽이 아니라 유리한 쪽을 선택하는 우리가 되었으면 좋겠습니다.

아시다시피 우리에게 불리한 것은 늘 편합니다. 반대로 유리한 것은 편하지 않습니다. 오늘 하는 유리한 선택이 여러분의 삶을 유리한 위치로 옮겨주길 기원합니다.

헷갈릴 때는 멘토님의 방향이 가장 유리합니다!

2. 도전 선택하기

〰〰〰〰〰〰〰〰〰〰〰〰〰〰〰〰

이 사업을 하다 보면 장거리를 많이 다니게 됩니다. '장거리'를 얘기할 때 사람들은 대개 불쑥 한마디를 던집니다.

"와, 어떻게 그리 멀리 다녀?"

제가 직접 장거리를 다녀보니 생각과 달리 또 다른 기쁨이 있습니다. 생각만 하는 것과 직접 행해 보는 것은 엄청난 차이가 있습니다. 그래서 많은 사람이 생각과 행동에는 큰 차이가 있다고 말하는가 봅니다.

도전도 마찬가지입니다. 해보지 않고 생각만 할 때는 두려움이 앞섭니다. 그러나 직접 해보면 시작 전에는 두려움에 가려서 보이지 않았던 새로운 가능성들이 보이기 시작합니다. 도전은 새로운 단계로 이동하는 시도입니다. 삶을 살아가면서 늘 현재 단계에 머물러 있으면 딱 그만큼만 보인다고 합니다.

삶의 목적은 소유에 있지 않습니다. 아무리 간절하게 갖고 싶던 것을 가져도 그 기쁨은 세 달도 채 가지 않습니다. 결국 우리는 보고, 느끼고, 관계하고, 사랑하고, 행복하기 위해 이렇게 열심히 산다는 것을 점점 깨달아 갑니다.

더 많은 것을 보고 더 깊이 느끼려면 새로운 도전이 필요합니다. 인생의 여러 가지 색깔과 다채로운 맛은 새로운 도전 속에 다 숨겨져 있습니다.

맛있는 인생을 살아봅시다.

늘 도전하는 자세로 삶을 살아봅시다.

가장 행복한 삶은 행복 수용체 표면적을 확장하는 과정에 있으니까요.

성장하는 삶은 열심히 살아가는 삶과 동의어가 아닙니다. 목적의식이 내 삶을 이끌어야 내 삶이 성장하는 방향으로 나아갑니다.

삶에는 두려움만 있을 수도 없고, 희망만 있을 수도 없습니다. 이 두 가지는 언제나 함께합니다.

두려움과 떨림을 가진 자만이 희망을 가질 자격이 있다고 합니다.

오늘도 떨리는 도전을 한번 해볼까요?

3. 목적 전도

우리는 가끔 세상에 삐치기도 합니다. 힘껏 시도해도 내 마음대로 되지 않으면 결국 인내의 한계선에 도달합니다. 그때 많은 사람이 그 대상에 삐치고 맙니다. 그것이 사업이든 학업이든 운동이든 마찬가지입니다.

삐친 이후에는 어떻게 할까요?

누군가는 그 대상의 필요성을 낮춥니다. 이는 의도적인 합리화지요. 흔히 여우의 신포도라고 말하기도 합니다. 누군가는 다시 한번 시도해 봅니다. 또 누군가는 될 때까지 시도합니다.

여기서 우리가 깨달아야 하는 것은 '못하겠다'는 말과 '하기 싫다'는 말이 동의어라는 사실입니다.

과정이 내 마음 같지 않다고 목적의 중요성이 바뀌진 않습니다. 왜 시작했는지 그 이유를 끝까지 기억하면 반드시 이뤄진다고 합니다. 다시 한번 자세를 가다듬고 자신을 달래봅시다.

'충분히 잘하고 있어. 잘되고 있는 중이야!'

무언가를 진행하다가 도중에 목적을 상실하면 우리는 목적과 상관없는 일을 하기도 합니다. 사람은 누구나 편리를 추구하게 마련이지요. 서면 앉고 싶고 앉으면 눕고 싶습니다. 그것을 막아주는 유일한 순간은 '무언가를 원할 때'입니다. 목적과 목표가 생기면 누워 있다가도 일어납니다.

저는 우연히 러닝머신 위에 의자를 올려놓고 앉아서 러닝머신을 하는 우스운 사진을 본 적이 있습니다. 그분은 왜 운동을 시작했을까요? 분명 살을 빼려고 시작했을 겁니다. 그런데 힘이 드니까 꼼수를 부려 운동을 편하게 하려고 합니다. 그러면 애초의 목적인 살 빼는 것과는 거리가 멀어집니다.

우리 사업도 마찬가지입니다. 처음에는 성공을 위해 이 사업을 시작하지만 어느 순간 상처 최소화, 뻘줌함 최소화를 지향하면서 방향을 잃고 맙니다. 이 사업을 하면서 상처를 가장 적게 받는 방법은 그만두는 것밖에 없겠지요.

처음에 세운 목적을 끝까지 기억하면 누구나 성공할 수 있습니다. 오늘 우리가 왜 사업을 하고 있는지 잘 기억하면서 일을 진행하는 하루가 되었으면 좋겠습니다.

3장 좋은 선택으로 위로

옷에 먼지가 묻지 않는 것을 가장 중요시하는 사람은 결코 깨끗
하게 청소하기 어렵습니다.

4. 말을 잘하는 법

인류에게 '말'이라는 것이 생기면서 얼마나 많은 것이 가능해졌을까요? 우리는 말로 얼마나 많은 것을 나누고, 표현하고, 응원하고, 긍정하고 또 부정하며 살고 있을까요?

요즘 제가 꽂혀 있는 단어가 바로 '긍정'과 '부정'입니다.

이 사업을 오래 하다 보면 긍정적인 일도, 부정적인 일도 많이 겪습니다. 알고 보면 사실 그것은 긍정적인 해석과 부정적인 해석일 뿐입니다.

우리는 이 사업이 널리 이롭게 긍정적으로 프로모션 되어야 좋습니다. 그런데 무언가 불만을 토로하면서 부정의 언어를 쏟아내는 경우도 있습니다. 불만은 두 가지 관점으로 판단해야 합니다. 즉, 그만둘 만큼 불만스러우면 그만두는 게 이롭고 그 정도는 아니라서 계속하는 것이 이롭다면 말없이 해 나가야 합니다.

지금 당장 부정의 메시지를 내뱉는 입을 닫아야 합니다. 내가 부정의 말, 불만스러운 말을 내뱉고 다니면 부정의 씨앗을 심는 셈입니다. 부정을 말하다가 다시 긍정으로 돌아오는 데는 커다란 에너지가 필요합니다. 저 역시 그런 이야기를 재미있게 듣던 때가 있었지요. 반성합니다.

더러운 걸 담았던 비닐봉지에는 깨끗한 걸 담아도 깨끗해 보이지 않습니다. 그래도 다행히 봉투를 한 번 씻으면 다시 깨끗하게 사용할 수 있습니다.

누군가는 그게 팩트라면 부정적인 것이라도 알아야 한다고 말합니다. 과연 우리가 세상의 모든 팩트를 다 알아야 할까요? 그 팩트를 모르면 엄청난 손해가 나나요?

이 사업 속에서 시간이 지나다 보면 어느 순간 그런 말이 전혀 도움을 주지 않는다는 사실을 깨닫습니다. 말하고 싶다고 다 입으로 쏟아내면 성공할 수 없습니다. 내 성공에 유리한 이야기를 하는 우리가 되어야지요. 성공하러 와서 감정에 지배당하면 안 되겠지요?

물론 개선을 위해 불만을 제기하는 것은 생산성을 높이기도 합니다. 그런 행위가 인류 발전에 기여한 측면이 있다는 걸 부정할 수는 없습니다. 하지만 솔루션이 없는 불만, 감정 토로를 위한 불만의 말에는 힘이 없습니다. 아이들이 하는 투정보다 더 힘이 없지요. 아이들의 투정은 어른들의 마음을 약하게 만들어 못하게 하던 걸 허락하도록 만드는 힘이라도 있잖아요.

반대로 응원의 말, 사랑의 말에는 힘이 있습니다. 이러한 말은 사람을 긍정적으로 바꿔놓기도 합니다.

불만을 토로하는 사람은 더 좋은 상황을 원하기에 그런 말을 합니다. 응원하는 사람도 더 좋은 상황을 원해 응원을 합니다. 이처럼 원하는 것은 같지만 표현하는 방식은 다릅니다. 하나는 힘이 없고 다른 하나는 힘이 있지요.

하늘이 왜 우리에게 말할 수 있는 능력을 줬을지 한번만 생각해봅시다. 분명 지적질을 하고 불만만 토로하라고 주지는 않았을 것입니다.

외국에서 한때 'keep calm' 시리즈가 유행했었지요. 그중 가장 유명했던 말은 이것입니다.

"keep calm & carry on."

입을 닫고 계속하자는 뜻입니다. 불평할 거라면 그냥 말을 하지 않는 게 낫다는 거지요.

3장 좋은 선택으로 위로

우리가 불만 한다고 룰이 바뀌지 않습니다.
멘토나 파트너가 바뀌지도 않습니다.

입으로 불평하지 말고 행동으로 불평해 봅시다.
진짜 배가 고프면 배고프다고 말만 하고 있는 게 아니라 뭐라도 먹으러 나가지 않나요? 아프다고 말하는 사람과 급히 병원에 가는 사람 중 누가 진짜 아픈 사람일까요? 당연히 행동하는 사람이지요. 발명도 진짜 불만이 있으니까 하는 겁니다.
진짜 불만이 있으면 스스로 무언가를 해야 합니다. 해법이 없는 불만은 세상에 좋지 않은 영향만 줍니다.

오늘 쓰실 말을 결정했나요? 불평할 거라면 입을 닫고 계속 말하고 싶다면 응원과 사랑의 말만 합시다! 우리는 지금 더 좋은 세상을 만드는 중입니다.

5. 밀도와 집중의 비밀

금수저, 좋은 나라, 외모의 공통점은 바꾸기가 쉽지 않은 요소라는 점입니다. 이와 달리 선택, 시간, 장소, 사람은 내 마음에 달려 있다는 공통점이 있습니다.

세상의 모든 생명체는 유한한 시간 동안 살아갑니다. 주어진 시간 속에서 무엇을 추구할지, 언제까지 그걸 해낼지 먼저 결정하는 사람은 그만큼의 시간을 더 확보할 수 있습니다.

물론 시간만 많다고 목표가 이뤄지는 것은 아닙니다. 중요한 것은 그 시간을 무엇으로 채울 것인가 하는 점입니다. 그것까지 정했다면 이제 가장 중요한 것이 남습니다. 바로 '밀도'입니다.

예를 들어 한 달에 한 번 사업설명을 할 경우 8년이면 100회 정도 사업설명을 합니다. 그러나 하루에 한 번 사업설명을 할 경우 3개월이면 약 100회가 됩니다.

이 말을 잘못 들으면 "빨리 하라는 말이구나"라고 해석할 수도 있습니다. 하지만 밀도는 '속도'만 높여주는 것이 아닙니다.

10번 제시했을 때 2명이 관심을 보인다면 100번 제시할 경우 몇 명이 관심을 보일까요? 아마 20명이라고 생각할 겁니다. 제 생각에는 30~40명일 것 같습니다.

밀도가 주는 첫 번째 선물은 바로 '감'입니다. 밀도 높은 반복은 우리에게 감을 선사합니다. 그렇게 감이 좋아지면 똑같이 해도 성공 확률이 더 높아집니다.

밀도가 주는 두 번째 선물은 '온도'입니다. 온도를 올리는 것은 그냥 반복이 아니라 '밀도 높은 반복'입니다. 우리가 지금 박수를 한 번만 치고 또 1분 있다가 치고 다시 1분 있다가 치면 100번을 쳐도 별다른 일이 일어나지 않습니다. 하지만 30초 안에 쉬지 않고 100번을 치면 어마어마하게 뜨거워집니다.

사람들은 내용이 아니라 뜨거움, 즉 온도에 관심과 호기심을 보인다는 것을 잊지 마세요. 그리고 그렇게 뜨거워진 여러분들은 같은 시간을 써도 훨씬 더 많은 분들의 관심을 받습니다.

이것이 바로 모든 성공자들이 말하는 '집중의 비밀'입니다. 그 시작은 스스로 정해야 합니다. 누구도 그것을 대신 정해줄 수 없습니다. 오글거리지만 14년 전 우리 자유게시판에 올렸던 글이 떠올라 다시 한번 써봅니다.

고민 끝에 휴학을 1년 연기하기로 했습니다.

어른들이 보기에 제 고민은 별것 아닐 수 있지만

저에게는 나름대로 심각한 고민이라 신중을 기했습니다.

이런저런 비교도 해보고 좋은 점과 나쁜 점을

나열해 보기도 하고 생각해 본 결과

저를 위해 결정을 내렸습니다.

1년이라는 시간 동안 많은 일이 있었고

함께하는 파트너도 생겼습니다.

1년, 지나고 보니 결코 길지 않은 시간이지만

제게는 많은 것을 남긴 시간이었습니다.

정말 아무것도 모르고 시작한 이 사업,

무엇을 해야 할지 몰라 헤매던 그 1년이라는 시간들이

다시 앞으로 이 사업을 해 나갈 1년을 앞두고 보니

정말 많은 것을 가르쳐준 1년 이었습니다.

같은 1년의 시간이지만 앞으로 1년은 분명 다를 것입니다.

많은 시행착오 속에서 혼자 경험한 많은 일들이

좋은 경험이 되었고 무엇보다

큰 자신감을 얻을 수 있었습니다.

제게 앞으로의 1년은 훨씬 더 효율적이고

곧바를 것이며 빠를 것이라는 것을 확신합니다.

오늘부터 제 사업이 인생의 1년이 새롭게 시작됩니다.

학교 간다는 생각에 해이해졌던 저를

충분히 다잡고도 남을 만한 설렘과 박진감이

저를 일으켜 세웁니다.

이 순간 단단히 결심합니다.

정말 공평하게 내려진 시간이라는 자산,

불공평할 만큼 효율적으로 사용할 것입니다.

2006년 7월에 혼자 게시판에 끄적거린 글...

다행히 그 마음이 아직 제 안에 있는 것 같습니다.

24살 이 글을 적었던 제가 또 한 번 사랑스러워지네요.

6. 목적의식이 주는 선물

　지금 복잡한 세상을 살아가는 우리에게 가장 필요한 두 가지는 명료한 목적의식과 이것을 긍정하는 능력입니다.

　이루고 싶은 목적이 생기니 세상 모든 것이 나를 위해 존재하는 것 같은 느낌을 느껴본 적 있나요? 큰 목표에 도전할 때 저는 그것이 어찌나 간절했던지 먹는 것도, 차에 기름을 넣는 것도 자주 잊곤 했습니다.

　간절함이 크고 또 너무 바빠서 끼니를 챙겨 먹을 정신도 없을 때 희한하게도 그때마다 먹을 것이 나타났습니다. 기름을 넣는 것도 늘 깜빡해서 거의 빈 통으로 다닐 때도 있었지만 재밌게도 차가 멈추기 직전에 주유소가 눈에 들어왔지요. 그걸 보며 저는 세상이 저를 위해 존재한다는 억측을 하기도 했습니다.

　그와 함께 고속도로가 있어줘서 감사하고, 택배기사님이 계셔서 감사, 배고픔을 면하게 해주어 감사해서 매사에 무한한 감사가 넘쳐흘렀습니다.

　목표에 비해 제가 많이 부족하다는 생각이 들어 무언가 필요한 것을 구하려 할 때 그것은 이미 늘 제 주위에 있었습니다. 그걸 느

3장 좋은 선택으로 위로

끼며 목표만 뚜렷하다면 더 일찍 해 낼 수도 있었다는 걸 깨달았습니다.

목적의식과 긍정하는 능력만 중요한 것은 아니지만 흥미롭게도 이 두 가지만 뚜렷하면 나머지는 자동으로 따라옵니다.

오늘도 여러분들이 명료한 목적의식으로 세상에 숨어 있는 비밀 같은 기쁨을 속속들이 느꼈으면 좋겠습니다.

7. 시간이 흐를 시간, 쓰일 시간

오늘도 여러분들을 원하는 곳으로 데려다줄 24시간을 받은 걸 축하합니다. 인류에게 가장 공평하게 주어지는 자원은 시간입니다. 재능, 외모, 타고난 부에는 차이가 있지만 시간만큼은 누구나 공평하게 24시간을 부여받지요.

시간을 생각할 때 사람들은 흔히 '반복'의 이미지를 떠올립니다. 가령 괘종시계의 추는 일정하게 반복해서 왕복하고 일반적인 시계는 원을 그리며 반복 이미지를 심어줍니다. 12월이 끝나면 다시 1월로 돌아가는 규칙과 계절의 반복도 시간의 반복을 믿게 만듭니다.

사실 시간은 반복되지 않습니다. 저는 한 강의에서 시간의 이미지는 반복이지만 시간의 실체는 모래시계에 가깝다고 들었습니다. 이는 도는 게 아니라 쓰이고 소모된다는 의미입니다. 그렇게 시간은 영원한 꾸준함으로 "직진"합니다.

그럼 계속해서 흐르기만 하는 이 시간에 우리는 무엇을 해야 시간이 지날수록 행복해질 수 있을까요?

3장 좋은 선택으로 위로

카지노에서 큰돈을 베팅할 때 사람들은 아주 많이 고민할 겁니다. 이 숫자 혹은 저 숫자에 걸 수도 있고 아무 곳에도 베팅하지 않고 돈을 지킬 수도 있지요. 어떤 것이 가장 좋고 나쁜 선택인지는 상황마다 다릅니다.

만약 시간이 지날수록 점점 녹는 칩이 있다면 가장 나쁜 선택은 무얼까요? 아무 곳에도 투자하지 않는 것이 가장 실패한 베팅입니다. 어차피 녹아 없어질 것이니 어디든 베팅해야 하지 않을까요?

어차피 우리의 인생은 "시간"이라는 녹는 칩의 배팅입니다. 지금도 우리의 인생은 녹고 있습니다. 그러니 어떻게라도 베팅을 하는 게 현명하지 않을까요?

시간을 후회 없이 보내기 위해서는 하루하루 노동과 수입을 맞바꾸는 소모적인 맞교환의 덫에서 벗어나야 합니다. 시간이 지나면서 조금씩이라도 축적되는 일을 해야 5년 혹은 10년이 지난 뒤 과거를 돌아볼 때 뭔가 뿌듯하지 않을까요?

어떤 사람은 시간을 "흘렀다"라고 표현하고 또 어떤 사람은 시

196 •••   2부 뜨겁게 위로

간을 "썼다"라고 표현합니다. 문득 예전에 아는 분이 했던 말이 기억나는군요.

"정신을 차려보니 어느새 내가 40대가 되었더라."

이는 시간을 '흘렀다'는 개념으로 받아들이는 경우입니다. 그래서 삶을 '견딘다'거나 '산다'고 표현합니다. 이것은 마치 무언가가 이미 정해져서 주어지는 듯한 느낌입니다. 반면 거창할 것은 없지만 "수영을 배우는 데 3개월이 걸렸다"라는 말은 시간을 쓰는 쪽입니다.

시간이 흐르는 것과 쓰이는 것의 차이는 '원하는 것'의 유무에 달려 있습니다. 원하는 것을 찾는 순간 시간은 원하는 것으로 접근하도록 돕는 도구로 쓰입니다.

어쩌면 인생은 주어지는 것을 받아들이는 게 아니라, 만들고 짓는 것인지도 모릅니다.

오늘도 누군가는 인생을 짓고 있습니다. 어떤 인생을 지었는지는 삶의 후반에 알 수 있겠지요. 여러분들은 시간을 무얼 위해 쓰고 싶나요? 아이들 교육비? 부모님께 더 많은 용돈을 드리는 것?

더 넓은 집? 더 큰 차? 여행?

이처럼 원하는 것이 있을 때 시간을 어떻게 써야 할까요?

여러분들은 시간을 이 사업을 함께 하고 배우는 파트너를 찾는데 쓰나요? 소비자를 찾는데 쓰나요? 회원가입을 하는 데 쓰나요? 각도만 잘 잡으면 조금씩 나아가도 언젠가는 도착합니다.

오늘 주어지는 일들과 환경 하나하나에 일희일비하는 것을 그만두고 '오늘은 어떻게 계획해 볼까?'라는 주도적인 자세로 바꿔봅시다.

오는 사람을 기다리기보다 먼저 물어보는 우리가 됩시다. 누가 이 사업과 제품을 필요로 하는지는 이야기해 보기 전에는 알 수 없습니다.

원하는 것이 명확한 우리는 늘 축적하려고 노력합니다.

오늘 여러분은 시간을 어떻게 쓸 예정인가요? 그 시간이 미래에 만들어질 여러분의 커다란 네트워크의 한 부분을 쌓는 데 쓰이길 바랍니다.

8. 가까이서 보면 다 재밌고, 멀리서 보면 다 유치하다.

보드게임이든 동아리든 운동이든 드라마든 관심을 기울이며 가까이에서 보면 모든 것이 재미있습니다. 하지만 한 발만 떨어져서 보면 또 그처럼 유치한 것도 없습니다.

대상의 흥미도는 나와의 거리에 있습니다. 잘하고 싶은 게 있나요? 그럼 한번 가까이 가보는 게 어떨까요? 생각보다 훨씬 더 재미있을 수 있습니다.

우리 사업 안에는 여러 가지 행사가 많습니다. 한번 안에 들어가 보는 게 어떨까요? 생각보다 재밌는 것이 꽤 많거든요. 여러분이 이 사업의 인싸가 되면 정말 신나는 사업을 구현할 수 있을 겁니다. 우리가 왜 이렇게 신이 나 있는지 그때야 비로소 이해되실 겁니다.

새롭습니까? 설렙니까? 그럼 아직 온전히 본인 것이 아닙니다. 지겹습니까? '또?'라는 생각이 듭니까? 그럼 여러분의 것이 되어가고 있는 중입니다.

진짜 대단한 성취는 결국 반복으로 이뤄집니다.

여기서 반복에는 행동뿐 아니라 생각도 포함됩니다. 내 마음 같지 않다고 생각을 바꾸지 말고 계속 같은 고민을 하면서 움직여봅시다.

내년에 달성하고자 하는 목표가 있다면, 파트너를 성장시켜야죠. 근데 그 친구는 내 맘 같지 않다면 어떨까요? 당연히 고민해야지요.

같은 질문을 계속하면 새 답이 나옵니다. 이때 질문을 바꾸면 문제를 해결할 수 없습니다. 질문에 집착하세요. 매달리세요. 누구도 생각지 못한 대답이 여러분의 머리에서 나와 여러분의 발에서 실행될 겁니다.

아마 스스로도 깜짝 놀랄 것입니다. 기막힌 하루를 만들어보세요. 무언가 고민이 될 때는 보통 어려운 쪽이 정답입니다.

9. 사업설명이라는 연극표 나눠주기

쉽고 편한 일은 열심히 해도 크게 일했다는 생각이 들지 않습니다. 반면 어렵고 힘든 일은 조금만 해도 성장한 느낌이 듭니다. 이것과 마찬가지로 우리를 반기는 곳에 가면 기분이 좋지만 반대로 우리를 반기지 않는 곳에 가면 성장이 있습니다.

성장은 보통 우리를 푸대접하는 곳에 있습니다. 그러니 그곳으로 가보세요.

사업설명은 내가 하는 연극에 사람들을 초대하는 것입니다. 처음에는 그걸 보고 같이 연극을 하겠다는 사람보다 단지 보러 오기만 하는 사람들이 더 많습니다. 하긴 처음부터 해보겠다고 하는 게 이상한 거지요. 그러다가 재미있어 보이면 누군가는 자기도 해보겠다고 하지요. 함께하는 사람들이 한 명, 한 명 늘어날수록 더 재미있어 보이면서 더 많은 분들이 함께합니다.

사업설명을 하는 순간 더 많은 눈이 내 사업을 쳐다보기 시작합니다. 바로 그게 목적입니다. 잘되는 걸 보여주면 점점 더 많은 사람이 참여할 테니까요.

오늘도 연극표를 나눠주러 나갑시다.

배우 노릇을 하는 건 자기 마음에 달려 있는 것이니 일단 보여줘 봅시다.

10. 인내와 스트레스의 긍정적인 면

유년 시절 저는 "참는 자가 승리한다"는 말이 전혀 이해가 가지 않았습니다. 아니, 말이 안 된다고 생각했지요. 오히려 참는 자는 아무것도 얻지 못하는 것처럼 보였습니다.

하지만 성인이 되고 보니 그 말이 이해가 갑니다. 좀 장기적 관점에서 본다면 그 사람은 그 상황을 참을 줄 아는 사람으로 변모한 것입니다. 그리고 그 사람의 인내력은 좀 더 늘었을 것입니다. 그 결과 인생 전체로 볼 때 인내력이 낮은 사람보다 훨씬 더 많은 것을 얻습니다.

모든 기다림이 성공을 보장하는 건 아니지만 모든 성공에는 반드시 기다림과 인내라는 요소가 곳곳에서 필요합니다.

결국 참는 자는 승리합니다.

화가 날 때 화를 내는 것은 세상에서 가장 쉬운 일입니다. 힘들 때 쉬는 것도 너무 쉬운 일입니다. 만약 쉬운 선택으로 성공할 수 있다면 성공은 별다른 가치가 없을 겁니다. 모호할 때는 한번 참아봅시다.

'스트레스' 하면 흔히 나쁜 것이라고 생각하지만 사실 스트레스 자체는 나쁜 게 아닙니다. 스트레스 관련 연구자들에 따르면 스트레스 자체보다 '스트레스는 내게 좋지 않을 거야'라고 생각하는 것이 독이 된다고 합니다. 반대로 '스트레스는 내 발전의 원동력'이라고 생각하는 사람들은 조금도 나쁜 영향을 받지 않습니다.

스트레스는 무언가를 하지 않으면서 받는 스트레스와 하면서 받는 스트레스로 나눌 수 있습니다. 예를 들어 숙제를 생각해 봅시다.

전자는 정작 숙제는 하지 않으면서 숙제를 해야 한다고 걱정만 하는 것에서 오는 스트레스입니다. 이때는 다른 사람들은 어떻게 했는지 궁금하고 또 무얼 해도 마음이 편하지 않습니다. 마치 체한 것처럼요. 후자는 실제로 숙제를 하면서 어려운 문제나 잘 모르는 부분 때문에 받는 스트레스입니다.

이 둘 중에서 과연 어떤 스트레스가 내 성장에 도움을 줄까요?

세상일은 앞으로 가도 스트레스, 멈춰도 스트레스라고 합니다. 어차피 스트레스가 많은 세상이라면 앞으로 가면서 받으면 남는 게 있겠지요. 멈춰서 스트레스를 받는 사람에게 시간은 나중에 가혹한 청구서를 내밉니다.

오늘부터 숫자를 정해 통화를 해봅시다. 누구든 상관없습니다. 분명 뭔가 일이 진행될 겁니다. 그걸 매일 해봅시다. 취미처럼 내키면 하고 내키지 않으면 쉬는 것이 아니라 내키든 내키지 않든 마치 일하러 출근하듯 해봅시다.

노력이 간헐적이면 수입도 간헐적으로 들어옵니다.

노력이 지속적이면 수입도 지속적으로 들어옵니다.

3장 좋은 선택으로 위로

11. 원하는 걸 얻는 법

인생의 방향성이 중요한 이유는 시작점의 각도가 5도만 차이가
나도 시간이 지나면 어마어마한 차이가 벌어지기 때문입니다. 오
늘 우리가 하는 것이 조금만 달라져도 시간이 지나면 그 결과에
엄청난 차이가 발생합니다.

오늘 한 번 더 달라져보고, 오늘 한 번 더 용기를 내보고, 오늘
한 번 더 연락해 보고, 오늘 한 번 더 한 걸음을 내딛는 조그만 변
화의 씨앗이 이어지면 인생의 기적을 만들어냅니다.

오늘 하루라는 시간과 세상이라는 판 속에서 멋지게 그려나가
봅시다.

오늘 우리의 선택이 조금씩 미래를 바꿉니다. 편한 선택이 아닌
멋있는 선택을 해봅시다.

진정 원하면 이루어진다고 하지요.

진정 원하는 사람들은 원하는 것을 숨기지 않습니다. 오히려 여
기저기 다니면서 도와달라고, 구해달라고, 알아봐 달라고 말합니
다. 그래서 그가 무엇을 원하는지 모두가 알게 되지요.

내가 원하는 것을 주는 건 '세상'입니다. 그러니 내가 무얼 원하

206 •••   2부 뜨겁게 위로

는지 세상이 알게 해야 합니다. 그 세상이란 바로 여러분 주변을 말합니다.

여러분에게는 분명 미래의 목표가 있을 겁니다. 하지만 우리가 행동할 수 있는 순간은 바로 '지금'입니다. 미래에 급한 사람이 되지 말고 지금 급한 사람이 됩시다. 미래에 아쉬운 사람이 되지 말고 지금 아쉬운 사람이 됩시다.

노년에 아쉬운 소리를 하는 사람이 되지 말고 늘 내 목표에 아쉬운 사람이 됩시다. 세상에서 제일 듣기 싫은 소리는 "결국 그리될 줄 알았다!"는 것입니다. 반대로 세상에서 제일 통쾌한 소리는 "그때는 이렇게까지 될 줄 몰랐다"입니다.

우리가 옳았다는 걸 증명하기 위해 저는 한평생을 써왔고 남은 인생도 그렇게 쓸 생각입니다. 여러분의 삶을 응원합니다!

4장

바꿔서 위로

4장 바꿔서 위로

1. '원래' 지우기

"나는 원래 그래."

"나는 원래 이런 거 못해."

"나는 원래 그런 사람 아니야."

"나는 원래 주위에 사람이 없어."

우리가 자주 쓰는 '원래'라는 말이 무서운 건 내 한계를 규정해 놓고 더 이상의 성장을 거부하기 때문입니다. 우리는 무한한 성장 가능성이 있는 인간으로 태어났으면서도 종종 '원래'라는 말에 자신을 묶습니다. 이는 더 클 수 있는 아이의 침대를 바꾸지 않고 그곳에 억지로 끼워 맞춰 재우는 것과 같습니다.

이 사업을 하면서 저는 "내 주위엔 원래 사람이 없다", "나는 원래 사람 만나는 걸 어려워한다" 같은 말을 자주 들었습니다. 그런데 그 말이 '나는 21세기에 할 수 있는 일이 많지 않은 사람'이라는 뜻을 내포하고 있다는 걸 알고 있나요?

기술 발달로 이제 단순노동으로 할 수 있는 일은 거의 다 없어질 전망입니다. 이런 상황을 이해하지 못하는 사람은 아마 없을 겁니다. 그럼 앞으로 남는 일은 '사람을 대하는 일'밖에 없을 것입니다.

210 •••

2부 뜨겁게 위로

이는 주위에 사람이 많거나 사람 사귀는 법을 알아야 밥을 먹고 사는 시대가 다가오고 있다는 의미입니다. 둘 중 하나는 있어야 한다는 거지요. 앞으로 사람을 많이 알고 관계를 잘 맺는 것은 선택이 아니라 필수로 자리 잡을 가능성이 큽니다.

만약 여러분이 아직 그런 사람이 아닐지라도 가능성은 충분합니다. 이 사업 안에서 사람 사귀는 법을 배우면 됩니다. 우선 '원래 그래'라는 마음부터 지워야 합니다. '원래'라는 말만 지우면 처음부터 갖고 있던 무한한 가능성이 다시 생겨날 것입니다. "원래"라는 말을 그대로 갖고 있는 건 우리 인생에 조금도 도움이 되지 않습니다.

저는 북한에서 내려온 분이 우리 사업에서 멋지게 성공했다는 소식도 들었습니다. 그분은 사업설명을 듣고 무슨 생각을 했을까요? '내 주위에 사람이 없어서 안 되겠다'라고 생각했을까요? 아니면 '내 주위엔 사람이 없지만 하다 보면 아는 사람이 늘어나겠지' 하고 생각했을까요?

4장 바뀌서 위로

어떤 일본인이 실수를 하는 바람에 교도소에 가게 되었다고 합니다. 그 탓에 주위 사람들의 신뢰를 잃어 모두와 멀어지고 말았지요. 그런데 그분은 나중에 우리 사업에서 큰 성공자가 되었습니다. 그가 '내 주위에는 사람이 없어서 안 되겠다'라고 생각했을까요? 그는 다른 도시로 이사를 간 뒤 5년 동안 생선 장사를 하며 주위와 새로운 신뢰를 쌓은 끝에 결국 성공을 하게 된 것입니다.

'6명이 없어서 어쩔 수 없어'가 아니라 '6명이 필요하니 6명이 생길 때까지 사귀어봐야겠다'라고 생각해 보면 어떨까요? 일단 시도한 후에는 '어? 잘 안 되네. 하지 말까?'가 아니라 '어? 쟤는 알 아듣지 못하네. 다른 사람에게 전달해야지'라고 생각해 볼까요?

그 결과는 하늘과 땅만큼의 차이로 돌아올 겁니다.

"가치가 있으면 변화해서라도 해야 한다!"

2부 뜨겁게 위로

2. 감별사

어느 날 몇 군데서 거절당한 분을 만났습니다. 몹시 우울해 보이더군요. 그 길을 조금 먼저 걸어본 제게는 그것이 과정으로 보였지만 그분에게는 그것이 결과로 보였던 것 같습니다.

인간에게는 하루만 볼 수 있는 시점 한계가 있기 때문에 당장 겪는 일을 결과로 느끼는 경우가 많습니다.

이 사업을 통해 누리는 성공의 기쁨은 성공이라는 결과에만 있는 게 아니라 거기에 도달하면서 하루하루 나를 이겨내는 과정에도 있습니다.

그러한 과정이 있기에 결과가 더 가치 있는 것인지도 모릅니다. 오늘 누가 어떤 반응을 보일지는 아무도 모릅니다. 해보지 않는 분은 영원히 모를 것이고 해보는 분은 알게 될 겁니다.

저는 생각으로 구별하는 사람이 아니라 행동으로 구별하는 사람이 되고 싶습니다. '저 사람은 할 것 같다' 혹은 '저 사람은 하지 않을 것 같다'라며 저 혼자 판단하는 것이 아니라 가서 직접 물어보는 사람이 되고 싶습니다.

우리 사업은 'yes'를 찾는 일 같지만 그와 함께 'no'가 변하는 일이기도 합니다. 우리는 그 과정 속에서 진짜 나를 알아가며 더 나은 나로 성장합니다.

무언가가 내 생각처럼 진행되지 않을 때 순서를 바꾸면 선순환이 일어나는 경우가 많습니다. 예를 들면 행복해서 웃는 것이 아니라 웃으면 더 행복해집니다. 감사한 일이 생겨서 감사한 것보다 미리 감사하면 감사할 일이 생기는 경우가 많습니다.

횟수에 도전할 때도 마찬가지입니다.

명단이 있어서 도전하는 것이 아니라 도전하면 명단이 생깁니다. 희한하게도 도전을 시작하면 보이지 않던 명단이 하나, 둘 생기는 걸 누구나 경험합니다.

또한 일이 있어서 가는 것이 아니라 가면 일이 생깁니다. 흔히 초보 사업자는 일이 생겨야 누군가를 찾아갑니다. 반면 리더는 그냥 가보면 일이 생긴다는 걸 알고 있어서 일을 만들어갑니다.

이처럼 순서를 바꿨을 때 내게 변화가 일어나며 상황에도 변화가 생깁니다. 할 수 없는 것을 걱정하지 말고 할 수 있는 것을 하나 해볼까요?

'변화'라는 게 별것 있나요?

원래 먼저 연락하는 스타일이 아니지만 어색하더라도 전화를 걸어보세요. 먼저 찾아가는 스타일이 아니지만 직접 만든 빵이라도 들고 찾아가 안부를 물어보세요. 칭찬하는 스타일이 아니지만 그 사람의 장점을 찾기 위해 노력해 보세요. 어색한 상황을 견디지 못하는 스타일이지만 사업설명을 위해 입을 한번 떼보세요.

그렇게 조금씩 변화하면서 자신을 성공형으로 바꿔가는 거지요. 어느 순간 그 행위가 자연스러워졌을 때 우리는 자연스레 성장하는 사람이 되어 있을 겁니다.

3. 지금 바뀌어야 하는 이유

거울의 장점은 즉답 성에 있습니다. 지체 없이 결과를 바로 볼수 있지요. 하지만 세상일은 대부분 시간이 경과해야 결과를 볼수 있습니다. 그래서 사람들은 보통 '노력'과 '인내심'을 성공의 열쇠로 꼽습니다.

과연 어떤 노력과 어떤 인내일까요? 바로 변화를 위한 노력과변화 후의 인내가 아닐까요? 그런데 아이러니하게도 많은 사람이결과가 바뀌길 바라면서 원인을 바꾸지는 않습니다. 즉, 지금 하는 행동을 바꾸지 않으면서 미래의 변화를 원합니다.

제가 지금껏 살아오면서 얻은 교훈 중 하나는 '같은 일을 반복하면 같은 미래만 존재한다'는 것입니다. 그런 의미에서 오늘은 변화하기에 참 좋은 날이라고 생각합니다.

책을 한번 읽어보실래요? 강의를 한번 들어보실래요? 다짜고짜이 사업에 대한 이야기를 한번 던져보실래요? 제품을 나눠 먹고나눠 발라보실래요? 멘토에게 차 한 잔 하자고 전화를 한번 해보실래요? 오랜만에 친구에게 연락해 안부를 한번 물어보실래요?

어떤 변화를 일으키고 싶습니까?

머리를 한번 잘라볼까요? 풀 메이컵을 한번 해볼까요? 옷을 멋지게 차려입어볼까요? 엘리베이터에서 만난 분에게 인사 한번 해볼까요? 오늘부터 감사일기를 적어볼까요? 사업일지 적기를 시작해 볼까요?

해보지 않고 먼저 단정부터 하는 몹쓸 병에 걸리면 성공에 좋지 않습니다. 많은 생각보다는 '작은 실행'이 훨씬 더 큰 결과를 냅니다.

인간은 모두 위대하게 창조되었습니다. 그래서 저는 성공은 능력의 영역이 아니라 선택의 영역이라고 믿습니다.

"나쁜 자세는 펑크 난 타이어와 같아서 그것을 바꾸지 않고는 어디로도 갈 수 없다"라는 말이 있습니다. 내적, 외적으로 자세를 좀 더 좋게 바꿔 더욱 멋진 인생을 만들어봅시다. 이미 누군가는 내가 하는 말을 듣고, 내가 사람들을 대하는 모습을 보고, 내가 행동하는 모습을 보고 이미 나를 판단하고 있을지도 모릅니다.

4장 바꿔서 위로

사회적으로 '하지 말라'는 캠페인을 벌이는 것은 대부분의 사람이 그렇게 한다는 뜻입니다. 즉, 하지 않는 사람이 특별할 뿐 대다수가 그렇게 한다는 거지요.

가령 우리는 직업에 귀천이 없다고 말하면서 마음속에 귀천의 선을 긋고 살아갑니다. 사람을 차별하지 말라고 하면서 알게 모르게 사람을 차별합니다. 선입견을 갖지 말라고 하면서 대개 선입견을 갖고 살아갑니다.

어차피 남의 판단을 피할 수 없는 세상이니 이왕이면 좋은 평가를 받아봅시다.

어차피 선입견이 생긴다면 가능한 한 좋은 선입견을 가져봅시다.

우리가 좀 더 멋지게 말하고, 좀 더 멋지게 행동하고, 좀 더 멋지게 사람을 대하면 우리는 한 칸 더 성장할 수 있습니다. 동시에 우리가 원하는 인생이 한 칸 더 완성될 겁니다.

오늘 어떤 자세를 바꾸고 싶은가요?

오늘 우리 멋진 변화를 일으켜볼까요?!

오늘의 변화가 가져다주는 멋진 복리를 함께 경험합시다.

종이를 꺼내 멘토들이 놀랄 만한 변화를 한번 적어봅시다.

오늘 하루 스스로 목표를 정하고 스스로 움직이며 상담도 먼저
요청하는 주체적인 하루로 시작했으면 좋겠습니다.

4장 바꿔서 위로

4. 주체적 사업

바이킹이나 롤러코스터를 탈 때 우리가 받는 스트레스는 이만 저만이 아닙니다. 특히 저는 간이 뒤로 빠지는 듯한 그 느낌을 몹시 싫어하는데 그건 아마 제어할 수 없는 속도와 방향성 때문일 겁니다.

내가 내는 속도는 나를 어지럽게 하지 않습니다. 예를 들어 내가 운전하는 속도로는 스트레스를 받지 않습니다. 반면 타인의 의도에 따른 속도는 나를 힘들게 합니다. 이때는 어떤 방향으로 가도 스트레스를 받지요. 재밌게도 어떤 스님이 이런 말을 했습니다.

"자기가 운전하면서 멀미하는 사람은 없다."

마찬가지로 내 인생의 운전대를 내가 잡고 가면 시속 200킬로미터로 달려도 즐겁습니다. 오늘 어느 방향으로 갈지, 누굴 만날지, 만나서 무엇을 할지 결정한 뒤 스스로 내는 속도는 즐거움을 안겨줍니다. 이렇듯 사업이 즐거우려면 '주체성'을 반드시 포함해야 합니다.

어제 제가 만난 분이 "힘들 것 같아서 사업을 시작하고 싶지 않

220 •••   2부 뜨겁게 위로

다"라고 얘기했습니다. 저는 자주 충고하는 편이 아니지만 한동안 못 볼 것 같아서 이렇게 말했습니다.

"과정을 기준으로 일을 선택하면 삶이 크게 바뀌긴 어렵지 않을까요?"

위대한 삶은 대부분 결과에 가치를 두고 과정을 맞춰나가 완성됩니다. 우리가 하는 이 사업은 누군가의 수입을 늘려주어야 우리의 수입이 늘어나는 아이러니한 일입니다. 그래서 저는 오해를 무릅쓰고 요즘 종종 물어봅니다.

"저랑 추가 수입 만들어 보실래요?"

무엇이 필요한지 물어보는 것은 조금 소극적인 질문입니다. 오히려 무언가를 보여주며 필요한지 묻는 것이 선택하기에 더 편안합니다. 즉, 주관식보다 객관식이 더 쉬운 법이지요.

필요한 걸 묻기보다 무엇이 필요한지 알려줍시다. 스티브 잡스는 이런 명언을 남겼습니다.

"사람들은 보여주기 전에는 자기가 무엇을 필요로 하는지 모른다."

4장 바뀌서 위로

실제로 우리는 필요해서 구매한 것보다 보고 나서 필요해진 것
이 훨씬 더 많습니다.
건강, 생활, 질 좋은 제품보다 더 필요한 게 어디 있겠습니까?
오늘도 보여줍시다!!

5. 인싸되기

혹시 인싸와 아싸라는 말을 아시는지요? 이는 인사이더와 아웃사이더의 줄임말입니다. 인사이더는 집단 내부에서 인정받고 교우관계가 좋은 걸 말하고, 아웃사이더는 겉도는 사람을 의미합니다.

한 번 아싸가 되면 인싸가 되기는 무척 어렵다고 합니다. 하지만 우리 사업에서는 다릅니다. 우리는 진지한 자세로 사업을 제대로 하려고 발버둥을 치면 인싸가 될 수 있습니다. 그것도 일주일이면 충분합니다.

저는 무엇보다 서로가 서로의 인싸가 되었으면 좋겠습니다. 제가 여러분의 인싸가 되고 여러분도 제 인싸가 되는 것이지요.

같이 시간만 보낸다고 공동연대감이 형성되는 것은 아닙니다. 같은 방향으로, 같은 강도로 뛰는 사람들은 그들만의 특별한 유대감을 느낍니다. 저는 그들과 나누는 특정 유대감을 아주 좋아합니다. 특히 다른 사람들은 알아듣지 못하고 우리끼리만 알아듣는 이야기를 나누는 것을 굉장히 좋아하지요. 그럴수록 제가 그들과 더욱 특별한 관계인 것 같아 더 기쁩니다.

우리는 놀 때는 신나게 놀고 일할 때는 열심히 일합니다. 신나게 놀면서 에너지를 축적하고 다음 날이면 신나게 깨지고 거절당하고 주문을 받고 초대하면서 앞으로 나아가는 겁니다.

더 세게 뛰어 더 많은 좋은 일과 실패 경험을 들고 다시 만날 때 우리는 더 깊은 이야기를 나눌 수 있습니다. 동시에 더 깊은 관계를 유지하게 되지요. 한마디로 우리는 돈을 모으는 계모임이 아니라 노력을 모으는 노력 계모임입니다.

재밌게도 부부의 사업 얘기는 잠자리에서도 끝나지 않습니다. 한쪽에서 "이제 그만 자자"라고 하면 그 말이 무색하게도 좀 더 열정적인 쪽에서 한마디 합니다.

"근데 있잖아."

이렇게 우리의 오늘 밤은 내일 아침과 멋지게 연결되고 '해가 지지 않는 사업'에서 '눈을 감지 않는 사업'으로 변모합니다. 아침에 피곤하지 않을까 하는 두려움은 전날 밤의 꿈꾸는 미래를 향한 설렘을 이기지 못합니다. 그런 까닭에 우리는 늘 잠이 모자랍니다. 하지만 피곤한 즐거움이 말짱한 지루함보다 더 낫지 않을까요?

여러분도 가족과 파트너와 즐거운 공감대를 느끼며 살아갔으면 좋겠습니다. 그리고 서로가 서로의 인싸가 되는 관계를 더욱 강하게 맺어갔으면 좋겠습니다.

4장 바꿔서 위로

6. 인생의 진도와 뉴 에어리어

처음 이 사업을 시작하는 사람들은 성장을 목표로 하고, 그걸 이룬 분들은 또 더 큰 성장을 목표로 합니다.

여러분은 어디쯤에 와 있고 또 어디를 목표로 하고 있나요? 인생은 내가 어떻게 칸을 나누느냐에 따라 진도가 달라집니다. 인생의 칸이 나이로 나눠져 있나요, 아니면 성취로 나눠져 있나요?

불편함과 편리함은 시점을 달리하면서 비례합니다. 오늘의 편리함은 내일의 불편함이며 오늘의 불편함은 내일의 편리함입니다. 시점을 제거한 결론은 '불편할수록 편리해진다'는 것입니다.

이 사업을 시작하면서 스스로 낮아진 여러분들, 이제 높아질 일만 남았습니다. 그러니 지금은 더 낮아집시다. 나중에는 자신이 낮춰도 저절로 높아지는 때가 올 것입니다.

우린 그걸 '성장할 준비'라고 부릅니다.

이 사업을 시작하면 주위에 불편해하거나 부담스러워하는 사람들이 생깁니다. 우리가 무언가를 제시하기 때문이지요. 그렇지만 시간이 지나면서 점차 우리에게 감사하는 사람들이 조금씩 늘어납니다. 진실과 진국은 결국 시간이 증명해 주니까요.

하지만 주위에 감사하는 사람밖에 없다면, 부담스러워하지 않는 사람밖에 없으면 더 이상의 성장은 기대하기 힘들지도 모릅니다.

누구도 감사하지 않고 다들 나를 거부하며 나를 부담스러워할 때 가장 큰 성장을 이룰 수 있습니다. 그처럼 성장은 새로운 에어리어에 있습니다.

사람은 '첫돌' 때까지 폭풍 성장합니다. 우리도 초반에 20만 매출에서 60만 매출로, 60만 매출에서 240만 매출로 성장하는데 이는 퍼센트로 치면 100% 이상 성장하는 셈입니다.

하지만 어느새 제자리에 머물고 있다면 자신도 모르게 무의식적으로 찾는 안락감 때문입니다. 거절당하지 않거나 거부당하지 않고 싶은 마음이 그런 결과를 낳습니다. 사실 큰 성공자가 되어도 서로 당혹스러운 상황을 만드는 건 싫은 법입니다. 그게 목표보다 우선이 되면 새로운 영역으로 움직이기가 쉽지 않습니다.

4장 바꿔서 위로

그러나 새로운 성취는 뉴 에어리어에 가야 성취할 수 있다는 건 변함없는 진실입니다. 꼭 기억하세요. 우리는 인정받을 때 성장하는 게 아니라 외면받을 때 성장합니다. 안전지대에서 벗어나야 진짜 삶의 재미와 성장을 기대할 수 있습니다.

7. 잘되는 사람들의 공통적인 이유

톨스토이의 명작 《안나 카레니나》는 유명한 다음 첫 문장으로 시작합니다.

"행복한 가정은 모두 모습이 비슷하지만 불행한 가정은 모두 저마다의 불행을 안고 있다."

행복한 가정은 다 같은 이유로 행복하고 불행한 가정은 모두 각기 다른 이유로 불행하다는 얘기입니다. 이 사업도 마찬가지입니다. 잘되는 분들은 같은 이유, 간절한 꿈, 시스템, 횟수를 이야기합니다. 반면 중도 포기자들은 각기 다른 이유를 이야기합니다. 이는 모두가 상황이 다르기 때문입니다. 이 말은 우리가 개개인의 상황에 초점을 맞출 때 모든 것이 어려워진다는 뜻이 아닐까요?

상황에서 눈을 떼고 미래에 눈을 맞추면서 원칙 중심으로 다시 시작하면 비록 시간차는 있겠지만 모두가 원하는 것을 달성하리라 생각합니다.

물론 바빠서, 사람이 없어서, 용기가 없어서 등 못해낼 이유는 각기 다르게 수두룩합니다. 반대로 해낼 이유는 몇 가지로 명료하고 뚜렷합니다. 그중 하나가 포기할 수 없는 내 미래와 꿈이죠.

4장 바꿔서 위로

오늘도 우리가 할 수 있는 만큼이 아니라 우리가 원하는 만큼 하는 우리가 됩시다.

이 사업은 모든 만남을 기회로 만들어줍니다.
세상에는 이 사업을 못할 만큼 어려운 사람도 없고, 하지 않을 만큼 완벽한 사람도 없습니다.

한때 《칭찬은 고래도 춤추게 한다》는 책이 유행하면서 칭찬의 효과가 엄청나게 관심을 받았습니다. 칭찬은 분명 고래도 춤추게 하지만 반대로 '지적'은 들쥐도 화나게 할 겁니다. 칭찬은 의지 혹은 의욕을 강화하고 지적은 약화합니다.
그런데 개중에는 칭찬할 점을 찾기가 힘들다고 말하는 사람도 있습니다. 그건 칭찬할 점이 없는 게 아니라 아직 장점을 발견하는 눈이 없기 때문입니다.

미팅은 두 가지 시력을 개선해 줍니다. 먼저 흐릿한 미래 비전을 뚜렷한 비전으로 교정합니다. 그다음으로 남의 단점만 보던 눈을

230 •••   2부 뜨겁게 위로

남의 장점을 잘 보는 눈으로 교정합니다. 곰곰이 생각해 보면 저는 미팅에 집중할 때 누군가의 장점을 더 잘 찾았고 덕분에 좀 더 좋은 사람이 될 수 있었던 것 같습니다.

만약 장점이 보이지 않는다면 더 잦은 미팅이 필요하다는 신호입니다.

칭찬할 줄 모른다는 건 기쁨을 줄줄 모른다는 뜻입니다. 오늘 누군가를 만나면 '칭찬할 점이나 장점 3가지 빨리 찾기'를 해봅시다. 우리의 작은 칭찬 하나로 그분의 잠재력이 깨어나 아예 다른 사람이 될지도 모릅니다. 칭찬을 아끼지 마세요.

여러분이 어딜 가든 기쁨을 주고 환영받는 존재가 되었으면 합니다.

4장 바꿔서 위로

8. 스승의 자세로 배웁시다

학생의 목표는 이해하는 것이지만 스승의 목표는 이해시키는 것입니다. 똑같은 것을 배울 때도 학생과 스승은 자세가 다를 수밖에 없습니다.

스승의 자세로 배웁시다.

누군가를 가르치기 위해, 널리 알리기 위해 배웁시다.

언젠가 제가 만난 한 기업인을 좋게 보게 된 계기가 있었는데요. 그분은 무언가 공부하고 싶어도 짬이 나지 않고 의욕도 생기지 않아 아예 자신을 공부할 환경으로 몰아넣었다고 합니다. 흥미롭게도 그는 한 잡지사에 자신이 전혀 알지 못하는 주제로 칼럼을 연재하겠다고 알렸답니다. 잡지사는 그분에게 마감시간을 정해주었고 그는 약속을 지키기 위해 어떻게 해서든 공부하는 자신을 발견했다고 합니다.

이처럼 우리는 변화할 상황에 놓이면 변화하게 되어 있습니다. 자의든 타의든 변화할 수밖에 없는 환경이 주어지면 최선을 다해 변화하려 애쓰는 것입니다.

아직도 어떻게 변화해야 할지 모르겠다고요?

232 •••

2부 뜨겁게 위로

변화의 정답은 스스로를 변화할 수밖에 없는 상황으로 만들어
버리는 것입니다.

깨끗한 집에 손님이 오는 게 아니라 손님을 초대하면 깨끗하게
청소하기 마련입니다.

스스로 환경을 만듭시다. 오늘 누군가에게 무턱대고 "오늘 빵
만들 건데 같이 만들어볼래? 나 잘해!"라고 전화를 해버립시다. 그
리고 지금부터 멘토와 함께 한번 배워봅시다. 성장은 그렇게 이뤄
집니다.

집이 너무 더럽나요? 집에서 미팅을 잡아보세요. 그 전날의 내
가 완전히 새집 같은 느낌이 들도록 최선을 다해 청소할 겁니다.
"적어도 보이는 곳만큼은"

9. 어렵다고요?

〰〰〰〰〰〰〰〰〰〰〰〰〰〰〰〰〰〰〰〰〰〰〰〰

절대적으로 어려운 일이라는 게 존재할까요? 극단적인 경우를 제외하면 저는 난이도는 보통 상대적이라고 생각합니다.

예를 들어 서울에서 부산까지 '걸어서' 가면 건강에도 좋고 상금도 5만 원이 나온답니다. 하실 분 있나요? 이건 어려운 일인가요, 아니면 쉬운 일인가요?

그럼 액수를 확 늘려 서울에서 부산까지 똑같이 '걸어서' 가면 50억을 준답니다. 가지 않을 분이 있나요? 왜 똑같은 미션인데 더 쉽게 느껴질까요? 바로 보상이 달라졌기 때문입니다.

이처럼 세상은 절대적 난이도가 아니라 '보상 대비 난이도'로 이뤄져 있습니다.

누군가는 이 사업을 어렵다고 하고 또 누군가는 쉽다고 합니다. 만약 그들이 생각하는 보상이 달라서 그렇다면 좀 더 크게 꿈을 꿔보는 것은 어떨까요?

저는 모든 것은 상황이 아니라 시선에 달려 있다는 말을 좋아합니다. 가령 우리가 오감(시각, 촉각, 후각, 미각, 청각)으로 수집하는 정보가 초당 몇 기가바이트라면, 실제로 우리가 인지하는 긍정 혹은 부정의 느낌을 위해 선택하는(인지하는) 정보는 그 0.01%도 되지 않습니다. 다시 말해 모든 상황에는 긍정과 부정이 공존하지만 어디를 보는가에 따라 그다음이 달라집니다.

한 기업인의 말씀처럼 부정을 보는 사람들은 두려움과 의심, 불신 등을 이야기합니다. 반면 긍정을 보는 사람들은 희망과 확신, 믿음 등을 이야기합니다.

태곳적부터 이 세상을 만들어온 사람은 긍정적인 사람들입니다. 여러분이 살고 있는 아파트, 타고 다니는 자동차, 쓰고 있는 스마트폰은 안 될 것 같아도 어떻게든 시작한 사람들이 만들어낸 것입니다. 그들은 주위 사람들이 안 된다고 말려도 어떻게 해서든 완성하려 애쓴 긍정적인 사람들입니다.

부정적인 사람이 할 수 있는 건 긍정적인 사람의 업적을 비판하고 비평하는 것밖에 없습니다.

긍정과 부정은 상황이 아니라 내 시선에 따른 선택입니다.

4장 바꿔서 위로

오늘 긍정을 선택하는 우리가 됩시다.

긍정적으로 생각했을 때 그 상황이 여러분에게 주는 유리함은 무엇인가요? 그리고 오늘 여러분은 무엇을 할 수 있나요?

5장 | 용접이음부 | 검사

5장 움직이며 위로

1. 그냥 해봅시다

정지 상태에서 첫 움직임까지 우리를 가로막는 건 마찰력입니다. 마찰계수 그래프는 물체가 움직이기 직전에 가장 높고 움직이기 시작하면 급격히 떨어집니다. 즉, 움직이고 있는 것은 큰 마찰력이 작용하지 않지만 정지된 것이 움직이려고 하면 큰 마찰력이 작용합니다.

마찬가지로 움직이던 사람이 계속 움직이는 데는 큰 저항이 없습니다. 물론 잠시 멈추고 싶은 마음은 누구나 생깁니다. 그러나 멈췄다가 다시 시작하는 사람은 정말로 내 마음처럼 움직여지지 않습니다. 여기에는 큰 힘이 필요합니다.

열심히 할 때는 내가 잘하고 있는 것인지 잘 모릅니다. 하지만 멈춰보면 비로소 그걸 알아차립니다. 지금은 내 의지로 움직여야 할 때입니다. 그러다 보면 분명 스스로 움직여지는 때가 올 겁니다.

이래서 할 수 있고 저래서 할 수 없다며 요리조리 따지면 너무 오래 걸립니다.

240 •••   2부 뜨겁게 위로

제 어머니께서 말씀하신 것처럼 '뭔가 하는 힘듦'보다 하기 전에 '걱정하는 힘듦'이 더 큽니다.

상상 속에서 힘들어하지 말고 일단 하고 난 뒤 생각해 봅시다. 어렵지도 않고 쉽지도 않습니다. 둘 다 생각이고 감정에 불과합니다.

생각에 깊이 빠져들수록 두려움이 더 커집니다. 행동으로 옮기는 것의 위대함을 다시 느껴봅시다. 그냥 시작해 봅시다.

오늘 할 일을 종이에 기록하면 어떤 일이 생길까요? 지금은 우리가 그 종이에 무언가를 쓰지만 조금 지나면 그 종이가 우리를 움직입니다.

10가지를 채웠을 때의 만족감, 해냈을 때의 성취감만 상상합시다!

그냥 해봅시다!

모든 걸 알고 이해하고 시작하는 것은 불가능합니다. 해보지 않고는 절대 이해할 수 없는 영역이 존재하니까요. 그리고 이해하지 못하면 결코 내 것이 될 수 없습니다.

한 강사님이 알려준 것처럼 "이행하면 이해가 간다."입니다. 이해할 수 없다고요? 행동하면 이해가 됩니다.

말로 설득하는 게 아니라 꾸준한 발걸음으로 후원합시다.

단순한 반복 속에 지혜가 있습니다. 해답은 '그냥 하는 것'입니다.

내 마음이 괜찮을 때, 내 감정이 올라왔을 때, 내 시간이 충분히 넉넉할 때, 주위 여건이 좋아질 때, 하려고 하면 아마 우리는 영영 시작하기 어려울 겁니다.

마음이 괜찮지 않아도, 감정이 올라오지 않은 상태에서도, 시간이 모자라도, 여건이 어려워도 '그냥 해버리면' 상황이 따라오는 기적을 경험할 수 있습니다. 우리는 그런 분들을 '프로'라고 부릅니다.

답은 이것입니다.

그냥 해봅시다!

2. 해보기 전엔 판단 금지!

우리 사업에서는 많은 분들이 제품 실험으로 좋은 결과를 얻습니다. 실제로 보여주면 많은 사람이 놀라워하면서 굉장한 호기심을 보입니다. 우리 사업뿐 아니라 모든 일이 몇 번 들려주는 것보다 한 번 제대로 보여주는 것이 훨씬 더 효과가 좋습니다. 사람은 시각적 효과에 더 끌리는 법입니다.

즉, 우리 사업은 플랜을 '보여주고' 제품을 '보여주는' 일이지요.

많은 분들이 사업이나 제품을 보여 줄 적합한 상황을 기다립니다. 하지만 누군가는 상황을 직접 만들어 나갑니다. 일단 시작해 버리면 주도권은 시작한 사람이 쥡니다.

시작이 곧 천재성이라고 합니다. 아무리 대단한 천재도 아이디어만으로는 아무것도 얻을 수 없습니다. 움직여야 무언가를 얻는 법입니다. 뛰어난 생각보다 평범한 행동이 결과를 낳습니다.

오늘 우리가 할 일은 사람들에게 플랜과 제품을 보여주고, 회원 가입을 권유하고, 미팅을 제시하는 것입니다.

제가 수많은 사람을 만나본 결과 진짜 할 것 같았는데 하지 않는

5장 움직이며 위로

분도 있었고, '저분이 과연 하실까' 싶었는데 의외로 알아듣고 시
작하는 분도 있었습니다.

직접 해보기 전에 판단하는 것은 교만입니다. 우리 사업에서 겸
손은 '한 번 더 하기'입니다. 파트너는 용기로 낳습니다. 용기를 내
세요. 누군가에게 이 사업을 알리기 전에 이렇게 떨리는 것을 보
니 멘토께서 제게 알리기 전에 얼마나 떨렸을까 싶어 새삼 감사한
마음입니다.

이제는 제가 그 용기를 받아 용기를 낼 차례입니다.

희석 용기들은 모두 "0" 매출인 걸 보면 용기는 공짜로 낼 수 있
는 몇 안 되는 무기 중 하나임이 틀림없습니다.

244 •••   2부 뜨겁게 위로

3. '지금' 합시다

과거 의존도가 높으면 추억에 잠겨 살아가고 미래 의존도가 높으면 막연한 낙관주의자가 됩니다. 우리에게 현상과 실존은 '지금'만 증명할 수 있습니다. 미래를 결정지을 때는 미래를 걱정하는 것보다 '지금 무엇을 하는지', '지금 어디에 있는지'가 훨씬 더 중요한 법입니다.

무언가를 하기에 '지금'보다 더 좋은 시간은 없습니다. 아무리 확실한 미래 계획도 지금 하는 것보다 불분명합니다.

제일 쉬운 방법은 지금 바로 하는 것입니다.

지금 책을 읽고, 지금 연락하고, 지금 만나봅시다.

1시간이 지나면 또 다른 변수가 생기거나 또 다른 생각이 우리를 지배합니다. 2시간 뒤는 더할 것이고 내일의 '나'는 더 이상 신뢰하기 어렵습니다.

지금 해버립시다.

지금 어려운 일은 시간이 지날수록 더 하기 어려운 일로 변합니다. 무엇이든 실행하기에 가장 쉬운 시간은 지금입니다.

5장 움직이며 위로

'지금' 하는 것이 가장 쉬운 방법입니다.

'지금' 순간순간의 새로운 마음을 행동으로 옮기고 그것이 축적되면서 새로 온전한 나를 만드는 것이 바로 변화입니다. 과거는 흘러갔고 미래는 우리의 머릿속에만 존재할 뿐입니다.

생각난 김에 지금 합시다.

Now or Never.

4. 인생은 자판기

문득 '인생은 자판기'라던 한 강사님의 스피치가 생각나는군요. 왜 인생을 자판기에 비유했을까요? 여기에는 두 가지 이유가 있습니다.

우선 내가 원하는 제품을 팔고 있는 자판기를 찾아야 합니다. 내가 원하는 제품을 구비하지 않은 자판기라면 그 앞에서 아무리 애를 써도 원하는 제품은 나오지 않습니다. 인생도 마찬가지입니다. 먼저 내가 하는 일에서 목표를 달성할 경우 원하는 삶을 살 수 있는지 생각해 보고 일을 하는 게 맞습니다.

그다음으로 자판기를 찾았다면 내가 원하는 제품의 가격을 지불해야 합니다. 돈을 지불하지 않으면 아무리 자판기를 흔들고 때리고 애원해도 내가 원하는 제품은 나오지 않습니다. 자판기가 원하는 대가를 지불하는 것이 맞습니다.

1,000원짜리 자판기에 500원을 넣는다고 내가 원하는 제품이 반만 나오는 게 아닙니다. 돈이 한 푼도 없든 800원만 있든 1,000원짜리 제품을 사지 못하는 것은 마찬가지입니다. 1,000원을 지불해야 1,000원짜리를 얻을 수 있습니다.

5장 움직이며 위로

내가 원하는 결과가 있다면 그 결과가 요구하는 만큼의 행동을 해야 합니다. 그것이 내게 익숙하지 않은 것일 수도 있고 내 맘대로 되지 않는 것일 수도 있습니다. 내게 잘 맞지 않는다고 그 결과를 위해 필요한 행동이 변하는 것은 아닙니다.

그래서 진정으로 원하는 사람들은 스스로를 변화시켜 결국 해냅니다. 우리는 이미 그 '필요한 행동'이 무엇인지 잘 알고 있습니다. 남은 건 매 순간 스스로 마음을 일으켜 그 행동을 반복하도록 자신을 다독이는 겁니다.

우리의 자판기는 지속적으로 행동할 마음만 있으면 원하는 걸 내어주는 것 같습니다.

오늘도 감사한 마음으로 후회 없이 제시해 봅시다.

5. 'ed'보다 'ing'

우리 삶을 빛내주는 것은 도전입니다. 누군가가 생각으로 혹은 계산으로 될지 안 될지 판단할 때 누군가는 한 번 더 해봅니다. 삶에서 우리는 모두 아마추어입니다. 리허설을 해보고 인생을 살아가는 사람은 없습니다.

저는 이 사업을 15년 동안 해왔지만 '오늘' 소개받은 분과의 만남은 처음입니다. 그리고 언제나 새 목표는 처음 도전하는 일입니다. 저 역시 그다음 단계는 첫 도전이고 이는 여러분들도 마찬가지일 겁니다.

처음 도전하는 아마추어에게 필요한 것은 전문가 같은 능수능란함이 아니라 넘어져도 다시 일어나는 도전 정신입니다. 오늘 누가 거절했다고 그다음 사람도 거절하리라는 법은 없습니다. 이번 달이 내 마음처럼 진행되지 않았다고 다음 달도 같으리라는 보장은 없습니다.

기회는 늘 한 번 더 해보는 것에 있습니다.

모든 성취자들이 "시키는 대로 하다 보니 되었다"라고 말하는 이유가 여기에 있습니다.

5장 움직이며 위로

방법이 아니라,
환경이 아니라,
나이가 아니라,
결국 '한 번 더'가 다른 결과를 만들어냅니다.

6. 나아가고 있다는 증거

하루는 미팅에 평소보다 새로운 분이 많이 초대되신 날이었습니다. 한 분, 한 분 쉽게 초대한 것이 아니라는 걸 아주 잘 알고 있습니다. 한 사람, 한 사람이 수많은 이야기와 용기 그리고 많은 고민을 거쳐 어렵게 참석한 것임을 잘 알고 있습니다.

그래서 그 뒤의 반응도 무척 궁금하고 밀착해서 후원했으면 하는 마음도 큽니다. 초대는 그 이후의 밀착으로 다음 미팅에 반복해서 오게 할 때 비로소 커다란 가치를 지닙니다.

오늘이나 내일 그분들이 원하든 원하지 않든 한 번 더 뵙고 이야기를 나누며 다시 그들과 깊이 생각을 나눠봐야겠지요.

어제 참석한 그분이 여러분 팀에서 가장 큰 성공자가 될 수도 있습니다. 다음 주에 처음 올 분이 여러분 팀에서 가장 큰 성공자가 될 수도 있습니다.

제가 좋아하는 말 중 하나가 이것입니다.

"이 사업의 최고의 리더는 아직 가입하지 않았다."

가능성의 눈으로 세상을 보며 다시 한번 말합니다.

251

거절이 비전입니다.
거절은 우리가 제시하고 있다는 증거입니다.

저는 동료들과 같은 마인드로 움직이고 싶습니다. 저는 초보자 같은 성공자가 되고 싶습니다.

함께 제시하고, 함께 거절당하고, 함께 힘들어하고, 함께 승낙을 받고, 함께 기뻐하며 오늘도 나눕시다. 각자의 노력과 감정을 저녁에 사업일지 노트에서 만나겠습니다. 그게 우리가 나누는 가장 멋있는 방식이니까요.

7. 왜 지금의 상황에서 벗어나야 하는가

우리가 하는 일은 사업입니다. 사업에는 집중력이 필요하지요. 그럼 우리 사업에서 집중이란 무얼 의미할까요? 쉬지 않고 재투자하고, 고객을 확장하고, 사업파트너를 늘리는 것을 말합니다. 그러다 보면 분명 우리와 컬러가 맞는 사업자를 만날 것입니다.

그때까지 스스로를 지속적으로 일으키기 위해 노력하면 됩니다. 무엇보다 자기 자신을 믿어야 합니다. 자신의 과거에서 성공 경험만 반복해서 생각하고 근거 없이 믿으며 또 용기를 냈으면 좋겠습니다. 스스로를 이렇게 생각해 주시면 좋겠습니다.

"나는 큰일을 할 사람이다."
"나는 성공자가 될 사람이다."

구간을 바꿔봅시다. '찾는 구간'을 지나 '돕는 구간'으로 진입해 봅시다. 돕는 구간에 있다면 찾는 구간으로 다시 진입해 봅시다. 같은 구간에 오래 머물면 누구나 매너리즘에 빠져듭니다.

다음 구간이 훨씬 더 재밌습니다.

우리 사업은 하던 일을 계속하는 일이 맞습니다만 분명 구간에

구별이 있는 일이기도 합니다. 물론 집중하라는 말에 스트레스를
받을 수도 있습니다. 그러나 해보면 집중할 때가 훨씬 더 재미있
습니다.

8. 기관총으로

우리 사업에서 성공은 깨끗한 하나의 행동, 깔끔한 원샷으로 이뤄지지 않습니다. 일정한 대상을 노리는 저격수보다 난사를 하는 기관총사수가 성공할 확률이 더 높습니다. 난사 속에 확률입니다.

만약 저격을 선택해 2년 동안 한 명만 노리다가 가까스로 쐈는데 빗맞으면 내 2년은 누가 보상해 주겠습니까? 반대로 고개를 숙이고라도 냅다 기관총을 갈겨버리면 누군가는 맞지 않을까요?

'해본다'는 것의 가치는 늘 새롭습니다. "해보지 않고는 모른다"라는 진부한 말도 있지요. 지난번에 해본 것과 이번에 해보는 것은 다른 결과를 가져다줍니다. 하는 우리도, 받는 상대방도 시간과 상황이 달라졌기 때문입니다.

세상은 계속 변한다는 말은 제게 '어제는 되지 않았지만 오늘은 될 수 있다'는 자신감을 줍니다. '못한다'와 '안 한다'가 동의어라는 걸 깨닫는 순간 우리는 가능성의 필터를 달고 세상을 바라볼 수 있습니다.

오늘도 걷고 있는 분들을 응원합니다. 특별한 하나의 행동이 아닌 하루하루 나를 이기는 지속적인 극기에 성공이 있습니다.

뚜렷한 목적 아래 가능성을 느끼면서 무언가를 하고 있을 때 우리는 최고의 에너지를 느낍니다. 그럴 때는 노화도, 처짐도, 어려움도 느껴지지 않습니다. 그냥 해 나가는 게 즐겁습니다. 내내 행복합니다.

이것은 될 거라고 믿는 사람들만 누리는 특권입니다.

이제 나가봅시다. 혼자라고 느껴질 수도 있지만, 저를 포함한 많은 리더들도 함께 나가는 길이니, 외롭지만은 않으실 겁니다.

에필로그

제가 전해드리고 싶은 것들

글을 쓰다 보니 제 마음이 말라버린 귤껍질처럼 쪼그라들었습니다.

'난 아직 완벽하지 않은데 이런 글을 써도 되는가. 이런 책을 내도 되는가' 싶어 끊임없이 부정적인 자가 점검을 했습니다.

중간에 몇 번이고 '안 되겠다'는 생각이 엄습하기도 했습니다. 하지만 제가 믿는 성공, 제가 좋아하는 성공 이미지를 나누는 작업이라 생각하니 한결 마음이 가벼워졌습니다. 나아가 '한 분에게라도 도움을 줄 수 있다면'이라는 동기부여가 저를 지탱해 주었습니다.

저는 소심한 A형이라 그런지 아직도 이 책이 세상에 누를 끼치지 않을까 하는 걱정을 하고 있습니다. 누군가가 글귀 하나를 보고 오해하지나 않을까, 누군가가 오히려 기운을 잃지는 않을까 해서 걱정하는 밤의 연속입니다.

그래도 용기를 내 한 자, 한 자 기도하는 마음으로 적어서 이 책을
선택하는 분들에게 보내봅니다.
이 책이 여러분들의 성장에 조금이라도 도움을 주었으면 좋겠습
니다. 하나 더, 바람이 있다면 언젠가 이 책을 읽으신 누군가가 제
책이 자신의 성장에 도움이 되었다는 이야기를 듣고 싶습니다.
끝까지 읽어주셔서 감사합니다.